deutsch übe

MW00764177

Susanne Geiger / Sabine Dinsel

Präpositionen

Hueber Verlag

ist eine Reihe von Übungsbüchern im kleinen Format zum schnellen und bequemen Üben für zu Hause und unterwegs. Mit den Taschentrainern werden Grammatik und Wortschatz in authentischen Situationen wiederholt, gefestigt und vertieft. Die Reihe ist optimal für das Selbststudium geeignet.

Bildnachweis

Seite 18: Foto Schnuffel: privat
Seite 43: Foto Doktorkuss: © Göttingen Tourismus e. V. / Alciro Theodor da Silva
Seite 50: Foto Berliner Luft: © Romanowski-Smile GmbH, Berlin

5. 4. 3. | Die letzten Ziffern
2016 15 14 13 12 | bezeichnen Zahl und Jahr des Druckes.
Alle Drucke dieser Auflage können, da unverändert,
nebeneinander benutzt werden.
1. Auflage
© 2007 Hueber Verlag, 85737 Ismaning, Deutschland
Redaktion: Hans Hillreiner, Hueber Verlag, Ismaning; Dr. Lilli Brill, München
Umschlaggestaltung: creative partners gmbh, München
Fotogestaltung Cover: wentzlaff | pfaff | güldenpfennig kommunikation gmbh, München
Coverfoto: © Matton Images/Stockbyte
Zeichnungen: Irmtraud Guhe, München
Layout und Satz: Birgit Winter, München
Druck und Bindung: Auer Buch + Medien GmbH, Donauwörth
Printed in Germany
ISBN 978-3-19-007493-8

Inhalt

Liebe Deutschlernende,

deutsch üben Taschentrainer Präpositionen ist ideal für das schnelle und bequeme Lernen zwischendurch. Das kleine, handliche Format passt in jede Tasche. So können Sie jederzeit zu Hause oder unterwegs Übungen machen.

Im Taschentrainer Präpositionen finden Sie
- 80 **Übungen** zur Wiederholung und Vertiefung auf zwei Schwierigkeitsstufen bis B1 F5 und ab B2 F6 ,
- **authentische Textsorten** und **Situationen** für Alltag, Schule und Beruf,
- **Redemittel** und **Redewendungen** rund um die Präpositionen,
- **Spickzettel** am Ende der Übungen, die Ihnen bei der Lösungsfindung helfen,
- einen **Lösungsteil** mit Hinweisen zur Grammatik.

Der vorliegende Taschentrainer ist für die Niveaustufen A2 bis C1 und die entsprechenden Prüfungen (z. B. Zertifikat Deutsch) des *Gemeinsamen Europäischen Referenzrahmens* konzipiert.

Er ist bestens zur Selbstevaluation geeignet, um zu testen, was man gut oder weniger gut beherrscht. Auch Muttersprachler können damit ihre Sprachkenntnisse reflektieren und überprüfen.

Viel Spaß mit Ihrem Taschentrainer!

Autorinnen und Verlag

Welche Präposition wird wo geübt?

lokale Präp.	A1, A2, A3, A4, A5, A6, A8, A10, A11, A12 **B**2 **C**1 **D**1, D2, D5, D6, D7 **E**1, E3, E4, E5, E6, E8, E9, E12 **F**1, F2, F4 **G**1, G2
temporale Präp.	A7, A9 **C**4 **G**3
Wechselpräp.	A6, A11 **C**1 **D**1, D7 **E**1, E3, E6 **F**3, F4, F8 **G**1
Präp. + Dat.	A1, A4 **B**5 **C**6 **D**9 **F**6
aus oder *von*	**B**1 **C**3 **E**4, E9 **F**1
Präp. + Akk.	**B**4 **H**4
Präp. + Gen.	A9 **C**5 **E**13 **F**12 **G**5
verschiedene Präp.	A13 **B**1, B3, B6, B7 **C**2, C6, C8 **D**3, D4, D8 **E**2, E7, E10, E11, E14 **F**5, F7, F10, F11 **G**4, G6 **H**1, H5, H6, H7, H9
Redewendungen	**C**7, C9 **F**9, F13 **H**2, H3, H8

A. Alltag

A1 Wo? Wohin? Woher?

Ergänzen Sie *bei/beim*, *von/vom* oder *zu/zum*.

0. Meine Oma hat eine Erkältung.		
Sie geht gerade _zum_ Arzt.	Sie ist gerade _beim_ Arzt.	Sie kommt gerade _vom_ Arzt.

1. Unsere Kinder spielen Fußball.		
Zweimal pro Woche bringen wir sie _____ Training.	Wenn sie _____ Training kommen, sind sie immer hungrig.	Manchmal schauen wir ihnen _____ Training zu.

2. Es ist wieder Zeit für einen Einkauf.		
Deshalb fahren mit dem Auto _____ ALDI.	_____ ALDI können wir kostenlos parken.	Übrigens habe ich diese Hausschuhe auch _____ ALDI.

3. Meine Tochter ist unterwegs.		
Sie wollte gegen sechs _____ ihrer Freundin zurück sein.	Sie geht _____ ihrer Freundin.	Sie bleibt bis zum Abendessen _____ ihrer Freundin.

4. Wo kann man gut einkaufen?		
Die besten Brezeln gibt es _____ Bäcker.	Am frischesten ist das Gemüse _____ Bio-Markt.	Will man Fleisch aus der Region kaufen, geht man _____ Metzger.

5. Was machst du nach der Arbeit?		
Joggen. _____ Joggen kann ich mich gut entspannen.	Ich gehe _____ Joggen.	Wenn ich _____ Joggen zurück bin, rufe ich dich an.

A2 *Zu* oder *nach* Hause?

Ergänzen Sie *zu*, *nach* oder *von zu*.

Gespräche unter Freunden:

0. Wann bis du gestern Abend _nach_ Hause gegangen?	Erst um zehn.
1. Mit wie viel Jahren bist du _____ Hause ausgezogen?	Mit 20.
2. Bist du am Wochenende _____ Hause?	Wahrscheinlich nur am Sonntag.
3. Kann ich zu dir _____ Hause kommen?	Natürlich.
4. Ist bei euch _____ Hause immer so viel los?	Eigentlich nicht.
5. Hast du dein Buch schon wieder _____ Hause vergessen?	Leider ja.
6. Kommst du gerade _____ Hause?	Nein, aus der Stadt.
7. Wann musst du _____ Hause gehen?	Leider schon in zehn Minuten.
8. Hast du schon _____ Hause angerufen?	Nein, das mache ich jetzt.
9. Wann hast du zuletzt _____ Hause telefoniert?	Vor zwei Tagen.
10. Arbeitest du oft _____ Hause aus?	Ja, meistens.

A3 Das muss ich dir erzählen

Ergänzen Sie die Präposition *in*, *auf* oder *zu* und den Artikel.
Manchmal gibt es mehr als eine richtige Lösung.

0. Seit einer Stunde will ich _*auf die / zur*_ Post gehen, aber
   ständig klingelt das Telefon.

1. Eigentlich wollte ich _____ Bücherei fahren, aber ich
   finde meinen Ausweis nicht mehr.

2. Ich muss dringend _____ Friseur. Meine Haare sehen
   schrecklich aus.

3. Im September kommt meine Tochter _____ Schule.
   Mein Sohn geht schon _____ Gymnasium.

4. Einmal in der Woche trifft sich unsere Arbeitsgruppe
   _____ Studentenkneipe.

5. Auf dem Weg _____ Arbeit hört meine Freundin immer
   Rammstein.

6. Wir sind am Sonntag _____ Jubiläumsfest der Firma
   Jonas & Söhne gegangen.

7. Nach den Hausaufgaben gehen unsere Kinder zum Spielen
   _____ Park.

8. Die *Fantastischen Vier* machen eine Deutschlandtournee und wir
   gehen morgen _____ Konzert.

9. Am 1. Juli kommt der neue Film von Caroline Link _____
   deutschen Kinos. Den möchte ich unbedingt sehen.

10. Am Freitag fahre ich für drei Tage _____ Freunden an
    die Ostsee.

A4 Wichtige und weniger wichtige Termine

Ergänzen Sie die Präposition *zu* und den Artikel.

Kommt ihr mich heute Nachmittag besuchen?

0. ~~die Bank~~ – ~~meine Eltern~~

Das geht leider nicht, ich muss unbedingt __*zur Bank*__.
Tut mir leid, aber ich gehe lieber *zu meinen Eltern* Kaffee trinken.

1. die Post – Stefanies Geburtstagsparty

Das geht leider nicht, ich muss unbedingt _____.
Tut mir leid, aber ich gehe lieber _____.

2. ein Informationsabend – das Schwimmen

Das geht leider nicht, ich muss unbedingt _____.
Tut mir leid, aber ich gehe lieber _____.

3. der Arzt – die Gymnastik

Das geht leider nicht, ich muss unbedingt _____.
Tut mir leid, aber ich gehe lieber _____.

4. ein Vortrag – Fußballspiel

Das geht leider nicht, ich muss unbedingt _____.
Tut mir leid, aber ich gehe lieber _____.

5. die Vorlesung – der Spanisch-Stammtisch

Das geht leider nicht, ich muss unbedingt _____.
Tut mir leid, aber ich gehe lieber _____.

A5 SMS-Texte

Ergänzen Sie die Nomen.

> Bäcker • Bahnhof • Bank • Bushaltestelle • euch
> Friseur • Frankreich • S-Bahn

Sie finden folgende SMS auf Ihrem Handy:

Brauche noch 10 Minuten beim *Friseur*. Warte bitte auf der _____ auf mich.

1.

Bin schon in der _____. Holst du mich bitte in 20 Min. an der _____ ab?

2.

Muss noch nach _____ telefonieren. Komme dann zu _____.

3.

Hast du die Torte beim _____ bestellt? Ich hole gerade Mama vom _____ ab.

4.

A6 Erziehung

A. Ergänzen Sie die Präpositionen.

Wie oft soll ich es dir noch sagen ...

0. Leg bitte die Handschuhe _in_ die Schublade.

1. Häng bitte die Jacke _____ den Bügel.

2. Leg bitte den Fahrradhelm _____ die Garderobe.

3. Häng bitte den Schal _____ die Garderobe.

4. Stell bitte die Schuhe _____ den Schuhschrank.

5. Bring bitte deinen Rucksack _____ dein Zimmer.

6. Häng bitte die Schlüssel _____ das Schlüsselbrett.

B. Formen Sie die Sätze 1-8 um.

Am nächsten Tag sucht der Sohn mal wieder seine Sachen. Die Mutter erinnert ihn:

0. Die Handschuhe sind wie immer _in der_ Schublade.

A7 Ein Arbeitstag

Welche Uhr passt zur Situation?

0. *Kurz vor 7* klingelt der Wecker. **b**

1. Da bin ich schon *seit einer Stunde* wach.

2. Meine Arbeit beginnt *um 9 Uhr*.

3. *Gegen 11 Uhr* trinke ich Kaffee.

4. *Von halb 12 bis 14 Uhr* gibt es in der Kantine Mittagessen.

5. *Nach 14 Uhr* gibt es nur noch kalte Küche.

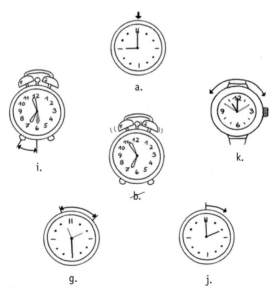

a.

i.

b.

k.

g.

j.

6. *Zwischen halb und dreiviertel 6* habe ich Feierabend.

7. *In einer halben Stunde* bin ich zu Hause.

8. *Vor Mitternacht* gehe ich nie ins Bett.

9. Ich schlafe dann *innerhalb von 5 Minuten* ein.

10. *Nach 6 Stunden* wache ich wieder auf.

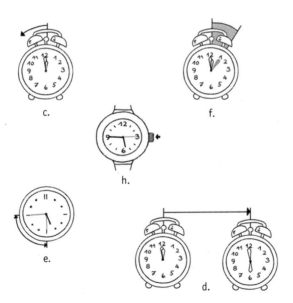

c.

f.

h.

e.

d.

A8 Ordnung in der Küche

Was ist richtig? Einmal ist a, b *und* c richtig.

Kann ich dir helfen? – Gern.

0. Zuerst muss das saubere Geschirr _aus der_ Spülmaschine geräumt werden.	a. in die b. in der c̶. aus der
1. Das Besteck kommt _____ linke Schublade.	a. in der b. in die c. zur
2. Die Blumenvase kannst du wieder _____ Fenster stellen.	a. auf die b. ans c. neben dem
3. Die schmutzigen Töpfe werden _____ Spülbecken gestellt.	a. ins b. unter dem c. im
4. Der Wasserkocher gehört oben _____ Schrank.	a. über dem b. in das c. auf den
5. Essig und Öl stellst du einfach _____ anderen Flaschen ins Regal.	a. zu den b. neben der c. zum
6. Die Schüssel mit dem Salat kommt _____ Kühlschrank.	a. auf das b. an der c. in den
7. Die leeren Flaschen sammeln wir hier _____ Spülbecken.	a. in den b. unter dem c. ins
8. Die nassen Handtücher können _____ Heizung getrocknet werden.	a. an der b. auf der c. über der

A9 Beim Arzt

Ergänzen Sie *innerhalb*, *außerhalb* oder *während* (+ Gen.).

0. *Innerhalb* der nächsten Woche wird das neue Medikament geliefert.

1. Bitte wenden Sie sich _____ der Sprechzeiten an den ärztlichen Notdienst. Die Telefonnummer lautet 549...

2. Sie dürfen _____ der Untersuchung nicht sprechen.

3. Ihre Tabletten nehmen Sie bitte _____ der Mahlzeiten ein, am besten eine Stunde davor.

4. Sollte es _____ eines Monats nicht besser sein, dann kommen Sie bitte noch mal vorbei.

5. _____ der Sprechzeiten stellen wir keine Anrufe durch.

A10 Wo tut's denn weh?

Ergänzen Sie bitte die Präposition und den Artikel.

0. *(an)* *Am* Kinn hat sich ein Pickel entzündet, der richtig wehtut. Was kann man da machen?

1. *(auf)* _____ Rücken habe ich einen Sonnenbrand. Können Sie mir eine kühlende Creme verschreiben?

2. Seit einem Monat habe ich einen komischen Fleck *(auf)* _____ Nase. Können Sie den mal untersuchen?

3. Direkt *(unter)* _____ Rippen sticht es. Was kann das sein?

4. Mich juckt es dauernd *(zwischen)* _____ Zehen. Ich befürchte, dass das Fußpilz ist.

5. Wenn ich Erdbeeren esse, kratzt es *(in)* _____ Hals. Ich werde doch keine Allergie haben, oder?

A

A11 Wo ist Schnuffel?

Ergänzen Sie die Präposition *an, auf, hinter, in, neben, unter, vor* oder *zwischen* und den Artikel.

Isabel sucht ihren Hasen.

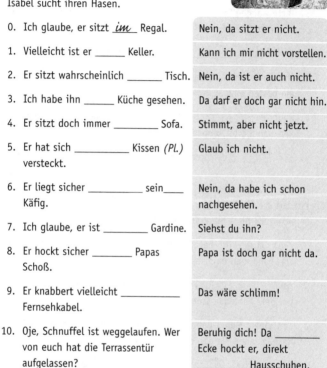

0. Ich glaube, er sitzt *im* Regal. | Nein, da sitzt er nicht.

1. Vielleicht ist er _____ Keller. | Kann ich mir nicht vorstellen.

2. Er sitzt wahrscheinlich _____ Tisch. | Nein, da ist er auch nicht.

3. Ich habe ihn _____ Küche gesehen. | Da darf er doch gar nicht hin.

4. Er sitzt doch immer _____ Sofa. | Stimmt, aber nicht jetzt.

5. Er hat sich _____ Kissen *(Pl.)* versteckt. | Glaub ich nicht.

6. Er liegt sicher _____ sein____ Käfig. | Nein, da habe ich schon nachgesehen.

7. Ich glaube, er ist _____ Gardine. | Siehst du ihn?

8. Er hockt sicher _____ Papas Schoß. | Papa ist doch gar nicht da.

9. Er knabbert vielleicht _____ Fernsehkabel. | Das wäre schlimm!

10. Oje, Schnuffel ist weggelaufen. Wer von euch hat die Terrassentür aufgelassen? | Beruhig dich! Da _____ Ecke hockt er, direkt _____ Hausschuhen.

Zusatzaufgabe: Die Nachbarn suchen ihre Katze.
Geben Sie Tipps nach folgendem Muster: *Vielleicht ist die Katze im Garten oder auf dem Dach. Wahrscheinlich ist sie wieder ...*

A12 Erzählenswert

Ergänzen Sie die Präpositionen und Artikel.

> auf den • aus dem • im • vor der • auf der • beim • ~~vom~~
> zwischen den

Das kann Teil einer Geschichte sein:

0. Ich habe die alte Kiste _vom_ Dachboden geholt.

1. Ich habe einen dicken Briefumschlag _____ Briefkasten gezogen.

2. Ich habe einen 500-Euro-Schein _____ Straße gefunden.

3. Ich habe die Fahrkarte _____ Umsteigen verloren.

4. Ich habe die alten Schallplatten* _____ Flohmarkt gebracht.

5. Ich habe ein altes Foto _____ Rechnungen entdeckt.

6. Ich habe den Lottoschein _____ Mülleimer gesucht.

7. Ich habe eine kleine Katze draußen _____ Haustür gefunden.

* Vor den CDs gab es *Schallplatten*.

Zusatzaufgabe: Schreiben Sie nun eine Geschichte, in der einer der Sätze eine Rolle spielt.

A

A13 Unser neues Haus

Ergänzen Sie *mit* (+Dat.) oder *durch* (+Akk.) und den Artikel.

Liebe Karin, lieber Fred,

ihr habt lange nichts von uns gehört. Kein Wunder! Bei uns war viel los. Wir haben seit einem Monat eine neue Adresse: Akazienweg 17b, 70108 Stuttgart.

Durch ein*e* (0) Zeitungsannonce haben wir endlich unser Traumhaus gefunden. Es liegt am Stadtrand, ist aber _____ ____ (1) U-Bahn gut zu erreichen. _____ ____ (2) viel Energie haben wir es in drei Monaten renoviert. _____ ____ (3) Renovierung ist das Haus viel schöner geworden. Die Kinder haben jetzt viel mehr Platz als in der alten Wohnung. Außerdem gelangt man _____ ____ (4) Garage in einen zusätzlichen Raum, der unser Hobbyraum werden soll. Das Haus hat sogar einen großen Garten _____ ein____ (5) Apfelbaum. _____ ____ (6) Apfelbaum haben wir im Sommer immer etwas Schatten auf der Terrasse. Die Terrasse haben wir übrigens _____ (7) wenig Aufwand selbst vergrößert. _____ (8) Zufall haben wir im Baumarkt dieselben Fliesen gefunden. Nächstes Wochenende grillen wir zum ersten Mal _____ ____ (9) Nachbarn, die wir _____ unser__ (10) Kinder kennengelernt haben. Es sind junge Leute wie wir _____ (11) zwei Kindern. Ich würde euch gern einmal _____ unser__ (12) neues Haus führen. Besucht uns doch bald!

Liebe Grüße
Bettina und Markus

B. Einkaufen & Geld

B1 Woher hast du das?

Ergänzen Sie die Präpositionen und Artikel.

aus – vom	aus dem	von der – am
aus dem – an der	vom – an der	von meinem – zum
aus dem – in der	~~vom – in der~~	von meinen – aus der

0. Woher hast du den tollen Ring? – *Vom* Juwelier *in der* Rosenstraße.

1. Woher hast du die roten Schuhe? – _____ Italien _____ Markt.

2. Woher hast du die Lösungen? – ____ ____ dem Lösungsheft, das ich ____ ____ Bibliothek gefunden habe.

3. Woher hast du die Artischocken? – Die sind frisch _____ Bauernmarkt ____ ____ Elisabethkirche.

4. Woher hast du die schicke Sonnenbrille? – Die habe ich ____ _____ Mann _____ Geburtstag bekommen.

5. Woher hast du die riesengroße Schokolade? – _____ _____ Eltern ____ ____ Schweiz.

6. Woher hast du den praktischen Stadtplan? – ____ ____ Touristen-Information _____ Bahnhof.

7. Woher hast du das verrückte Kleid? – ____ ____ Secondhand-Laden ____ ____ Ecke.

8. Woher hast du die Adresse des Arztes? – ____ ____ Internet.

B2 Wo kann man das kaufen?

Ergänzen Sie *auf*, *bei* oder *in* und den Artikel.

0. Hast du eine neue Waschmaschine? – Ja, die habe ich _*bei*_ Quelle bestellt.

1. Wo hast du den Camcorder gekauft? – ____ ein____ Fachgeschäft.

2. Wo hast du die Kamera gefunden? – Die habe ich ____ Ebay ersteigert.

3. Hast du das Auto hier gekauft? – Nein, ____ Fiat-Händler in Stuttgart.

4. Wo hast du die neuen CDs gekauft? – ____ Amazon.

5. Wo hast du die leckeren Erdbeeren gekauft? – ____ Bio-Laden.

6. Wo hast den Ledergürtel gekauft? – ____ ein___ Straßenhändler.

7. Woher hast du den guten Rotwein? – Den habe ich ____ ein___ Winzer in der Pfalz entdeckt.

8. Wo hast du den tollen Bauernschrank gefunden? – Ganz zufällig ____ ____ Flohmarkt.

auf dem	~~bei~~	beim
bei	bei einem	im
bei	bei einem	in einem

B3 Im Schnell-Imbiss

Was gehört zusammen? Ordnen Sie zu.

0. Bitte ein Mineralwasser ...	*i*	a. mit viel Soße bitte.
1. Bitte eine heiße Schokolade ...		b. mit viel Käse.
2. Für mich bitte einen Salat ...		c. mit Sahne.
3. Einmal Würstchen ...		d. ohne Eiswürfel.
4. Eine große Portion Pommes ...		e. mit Senf.
5. Eine dicke Scheibe Schweinebraten ...		f. ohne Salatblatt bitte.
6. Ich hätte gern einen Tee ...		g. ohne Würstchen bitte.
7. Die Pizza bitte ...		h. mit Zitrone.
8. Bitte eine Cola...	*i.*	i. ohne Kohlensäure.
9. Eine Kartoffelsuppe ...		j. mit Joghurt-Dressing.
10. Eine Schinkensemmel ...		k. ohne Ketchup bitte.

B4 Einkäufe für die Wohnung

Was passt? Ergänzen Sie die Nomen und Artikel.

Sie brauchen noch einiges für die neue Wohnung, Ihr Freund ist
anderer Meinung. Sie erklären ihm:

0. Den Stoff brauche ich für *die Vorhänge*
   im Schlafzimmer.

1. Der Teppich ist *für* _____.

2. Das Regal brauchst du *für* _____.

Bücher (dein)
~~Vorhänge~~
Wohnzimmer

3. Die Decke brauchen wir *für* _____.

4. Der Spiegelschrank ist *für* _____.

5. Die Kleiderbügel sind *für* _____.

Bad
Gästebett
Garderobe

6. Den Klapptisch brauchen wir *für*
   _____.

7. Die Radio-Uhr ist für _____.

8. Die Servietten brauche ich *für*
   _____.

Balkon
Geburtstag (dein)
Küche

B5 Fragen an die Verkäuferin

A. Was passt zusammen?

Sie sind im Kaufhaus und fragen eine Verkäuferin:

0. Ist der Pullover _aus Wolle_ ?	a. aus Leder
1. Sind die Schuhe _____?	b. aus Baumwolle
2. Ist die Bettwäsche _____?	c. aus Wolle

3. Ich suche Weihnachtskugeln _____.	a. aus Glas
4. Ich suche einen Bilderrahmen _____.	b. aus Gold
5. Ich suche eine klassische Uhr _____.	c. aus Holz

6. Sind die Töpfe _____?	a. aus Porzellan
7. Ist der Kerzenleuchter _____?	b. aus Silber
8. Ist das Besteck _____?	c. aus Edelstahl

9. Ich suche einen Blumenständer _____.	a. aus Marmor
10. Ich suche eine Gießkanne _____.	b. aus Messing
11. Ich suche einen Gartentisch _____.	c. aus Metall

B. Fragen und suchen Sie weiter:

0. Ich suche _einen Weinkühler aus Ton_ .

0. ~~Weinkühler~~ = ~~Ton~~	4. Tischdecke – Kunststoff
1. Nachthemd – Seide	5. Tischsets – Filz
2. Handtücher – Leinen	6. Partygeschirr – Plastik
3. Schlafsack – Kunstfaser	7. Bratpfanne – Kupfer

B6 Was ist der Preis?

Was kann man noch sagen? Nur eine Antwort ist richtig.

0. Die Jacke kostet _an die 100 Euro_.   _a_

1. Daunendecken gibt es _ab 100 Euro_.

2. Bei Ebay gibt es Digitalkameras _bis 100 Euro_.

3. Einen MP3-Player bekommst du schon für _unter 100 Euro_.

4. Die Konzertkarten kosten _um die 100 Euro_.

5. Für die Übernachtung müssen wir _über 100 Euro_ bezahlen.

a. fast 100 Euro
b. mehr als 100 Euro
c. für 100 Euro oder weniger
d. für 100 Euro oder mehr
e. weniger als 100 Euro
f. zwischen 90 und 110 Euro

B7 Geld spielt hier eine Rolle

Was passt zusammen? Bilden Sie Sätze.

0. Ich hebe heute 200 Euro ...	a. ... vom Konto ab.
1. An dieser Kasse ...	b. ... bei der Deutschen Bank.
2. Der Geldschein ist mir beim Joggen ...	c. ... auf der Straße.
3. Diesen Scheck können Sie ...	d. ... auf die Theke.
4. Genau vor mir lag ein 50-Euro-Schein ...	e. ... auf mein Konto ein.
5. Ich zahle 1.000 Euro ...	f. ... auf mein Konto.
6. Kann man hier ...	g. ... aus der Hosentasche gefallen.
7. Leg das Trinkgeld für den Barmann einfach ...	h. ... bei jeder Bank einlösen.
8. Im Hotel lege ich mein Bargeld immer ...	i. ... in den Hoteltresor.
9. Unser Geld liegt ...	j. ... in deinen Geldbeutel.
10. Meine Oma legt ihr Geld immer noch ...	k. ... können Sie nur bar bezahlen.
11. Steck das Kleingeld bitte ...	l. ... mit Kreditkarte zahlen?
12. Überweisen Sie mir bitte das Geld ...	m. ... unter die Matratze.

0	1	2	3	4	5	6	7	8	9	10	11	12
a												

C. Menschen

C1 Was ist los?

Antworten Sie mit der Präposition *auf* (+ *Dat.*).

0. Du siehst so zufrieden aus. Was ist los? – Ende September bin ich in München *auf dem Oktoberfest*.

1. Wo ist denn deine Tochter? – Sie kommt gleich raus, sie ist gerade _____.

2. Du siehst so besorgt aus. Was ist los? – Unsere 18-jährige Tochter ist zum ersten Mal allein _____. Hoffentlich klappt alles!

3. Was machst du denn für ein Gesicht? – Ich bin geschockt! Ich war gerade _____, bei der sich die Teilnehmer nur angeschrien haben.

4. Du bist so braun. Warst du im Urlaub? – Nein, ich habe eine Woche lang bei schönstem Wetter _____ im 10. Stock gelegen.

5. Du hast so viel eingekauft. Was ist los? – Heute Abend wollen wir _____ grillen. Komm doch auch!

6. Du siehst sehr glücklich aus. Was ist los? – Gestern habe ich _____ meinen Traummann kennengelernt.

7. Das Obst sieht aber frisch aus. Wo hast du es gekauft? – Beim Bio-Bauern _____.

(eine) Veranstaltung

(mein) Balkon

Markt

~~Oktoberfest~~

Petras Geburtstagsfeier

(ein) Pop-Konzert

Terrasse

Toilette

C2 Wo hast du deinen Freund kennengelernt?

Was passt? Ergänzen Sie die Präpositionen und Artikel.

0. an – bei   _Beim_ Windsurfen _am_ Gardasee.

1. auf – bei   _____ Freunden _____ Party.

2. an – in   _____ Urlaub _____ Strand.

3. in – in   _____ München _____ Deutschkurs.

4. an – in   _____ Hotel _____ Bar.

5. durch – in   _____ Freundin _____ Café.

6. bei – in   _____ Skifahren _____ Schweiz.

7. in – in   _____ Paris _____ Studentenwohnheim.

8. auf – über   _____ Bekannte _____ Fest

9. an – bei – in   _____ Schlangestehen _____ Kasse
_____ Supermarkt.

10. bei – in   _____ Chatten _____ Internet.

C3 Woher weißt du das?

Antworten Sie. Antworten Sie mit der Präposition *aus* oder *von* (+ *Dat.*).

0. ~~mein Bruder~~	5. das Internet	10. unser Nachbar
1. ein Buch	6. Kollegen	11. Peter
2. du	7. unser Lehrer	12. das Radio
3. Erfahrung	8. die Medien	13. die Werbung
4. das Fernsehen	9. meine Mutter	14. die Zeitung

0. Das weiß ich _von meinem Bruder_.

C4 E-Mail an eine Freundin

Ergänzen Sie *seit* (4mal), *nach* (3mal) oder *vor* (5mal).

Eigentlich wollten Sie Ihre Freundin anrufen, aber es ist schon sehr spät, deswegen schreiben Sie ihr eine E-Mail:

```
▢ ▬▬▬▬▬▬▬▬▬▬▬▬▬▬▬▬▬▬▬▬▬▬▬▬▬▬▬▬     ▣ ▤
┌──────────────────────────────┐  ┌──────────┐
│                              │  │ Normal ▼ │
└──────────────────────────────┘  └──────────┘

Liebe Julia,

_Seit_ (0) Tagen will ich dich anrufen, aber nie hat es geklappt.
Jetzt schreibe ich dir schnell eine E-Mail. _____ (1) wann haben
wir uns eigentlich nicht mehr gesehen? Ich glaube, unser letztes
Treffen war _____ (2) einem halben Jahr!
Wie geht es dir? _____ (3) meinem Umzug _____ (4) zwei
Monaten bin ich nur im Stress. Die Wohnung ist noch lange nicht
fertig eingerichtet und ich weiß nicht, ob ich _____ (5)
Weihnachten noch alles schaffe. Außerdem komme ich jeden Tag
erst _____ (6) sechs Uhr abends heim. Am Wochenende komme ich
dann nicht _____ (7) zehn aus dem Bett.
Und dazu der übliche Ärger: _____ (8) neun Wochen habe ich einen
Kleiderschrank bestellt, der immer noch nicht geliefert ist. Meine
gesamte Kleidung liegt im Zimmer herum. _____ (9) Mittwoch habe
ich wenigstens eine neue Waschmaschine. Die alte ist _____ (10)
sechs Jahren kaputt gegangen. Zum Glück fahre ich am Samstag in
Urlaub. Darauf freue ich mich schon _____ (11) Langem. Leider
sind es nur ein paar Tage, aber ich brauche dringend Erholung.
Wie wäre es, wenn wir uns _____ (12) meinem Urlaub mal wieder
treffen? Ich habe noch so viel zu erzählen!

Hoffentlich bis bald,
deine Moni
```

C5 Neugierige Fragen

A. Antworten Sie mit *wegen* (+ *Gen.*).

Zwei Freundinnen unterhalten sich:

0. Warum seid ihr gestern nicht mehr gekommen? (der Umzug)
   Wegen _*des Umzugs*_ hatten wir keine Zeit.

1. Warum hat sie ihn bloß geheiratet? (das Geld)
   Wahrscheinlich wegen _____.

2. Warum spielst du eigentlich Klavier? (meine Eltern)
   Du weißt doch, wegen _____.

3. Warum fahrt ihr jetzt nicht in Urlaub? (ich)
   _____ wegen, weil ich wichtige Termine in der Firma habe.

4. Warum siehst du so müde aus? (die Party)
   Wegen _____ in der Nachbarwohnung konnte ich kaum schlafen.

5. Warum fährt sie im Urlaub immer an die Ostsee? (ihre Allergie)
   Ich glaube wegen _____.

6. Warum war dein Bruder nicht beim Training? (seine Verletzung)
   Wegen _____ darf er drei Wochen keinen Sport machen.

7. Warum bist du so nervös? (morgen)
   Na, wegen _____, da habe ich eine Prüfung.

8. Warum kannst du nicht länger bleiben? (der Arzttermin)
   Wegen _____, von dem ich euch erzählt habe.

9. Warum kommen die anderen nicht? (das Endspiel)
   Wegen _____ im Fernsehen.

B. Antworten Sie mit *wegen* + Dat. *(umgangssprachlich)*.

0. Warum seid ihr gestern nicht mehr gekommen? (der Umzug)
   Wegen _*dem Umzug*_ hatten wir keine Zeit.

C6 Lange und kurze Erklärungen

Was kann man auch sagen? Ordnen Sie zu.

Warum hat er das gemacht?

0. Weil er das Thema spannend fand. /
   Aus Interesse .   **e**

1. Weil ihm die Kinder leidgetan haben. /
   _____.

2. Weil er nichts anderes zu tun hatte. /   a. Aus Berechnung.
   _____.
                                                 b. Aus Dankbarkeit.
3. Weil er sie liebt. / _____.
                                                 c. Aus Ehrgeiz.
4. Weil es ihm Spaß gemacht hat. /
   _____.   d. Aus Freude.

5. Weil er seinen Dank zeigen wollte. /   e. Aus Interesse.
   _____.
                                                 f. Aus Langeweile.
6. Weil er so etwas gern tut. /
   _____.   g. Aus Liebe.

                                                 h. Aus Mitleid.
7. Weil er immer alles genau wissen will. /
   _____.   i. Aus Neugier.

8. Weil er glaubt, dass es ihm nützt. /   j. Aus Spaß.
   _____.
                                                 k. Aus Versehen.
9. Das war von ihm gar nicht so geplant. /
   _____.

10. Weil er unbedingt weiterkommen will. /
    _____.

C7 Äußerungen im Streit

Wie heißt die Redewendung? Ordnen Sie zu.

0. Lass mich endlich ___*in Ruhe*___ !

1. Geh mir nicht ständig _____ !

    a. in Ruhe
    b. auf die Nerven

2. Scher dich _____ !

3. Fahr _____ !

    a. zum Teufel
    b. zur Hölle

4. Du stehst mir nur _____ !

5. Komm mir nicht _____ !

    a. in die Quere
    b. im Weg

6. Geh mir _____ !

7. Komm mir nicht mehr _____ !

    a. unter die Augen
    b. aus den Augen

8. Du gehst mir _____ !

9. Du bringst mich _____ !

    a. auf die Palme
    b. auf den Geist

C8 Was ist passiert?

Was passt? Ergänzen Sie die Sätze mithilfe der Bilder.

> vor Angst • vor Aufregung • vor Begeisterung • vor Erschöpfung
> vor Freude • vor Kälte • vor Müdigkeit • vor Schmerzen
> vor Schreck • vor Sorgen • vor Zorn

0. Johanna zittert ja _vor Angst_.
   Doch nicht etwa wegen der Spinne da?

1. Was war denn gestern los? Du kannst
   dich ja _____ nicht
   mehr konzentrieren.

2. Was habt ihr denn gemacht, dass die
   Kinder _____ nicht
   mehr laufen können?

3. Hat sie im Lotto gewonnen, weil sie
   _____ in die Luft
   gesprungen ist?

4. Du warst zu lange draußen. Deine
   Lippen sind ganz blau
   _____.

5. Was ist passiert, dass er _____
_____ nicht mehr
schlafen kann?

6. So kannte ich dich gar nicht. Du warst
_____ ganz nervös.

7. Was hat der Arzt denn gemacht, dass
du _____ geschrien
hast?

8. Was hat er ihr denn geschenkt, dass sie
ihm _____ um den Hals
gefallen ist?

9. Das Fenster ist plötzlich zugeknallt und
_____ hat sie das Glas
fallen lassen.

10. Worüber ärgerst du dich denn? Du bist
____ lauter _____ schon ganz rot im
Gesicht.

C9 **Endlich *über* dem Berg!**

Welche Redewendung mit der Präposition *über* passt? Ordnen Sie zu.

0. Schon wieder hat jemand unsere Mülltonne benutzt. Das regt mich jedes Mal auf. **a**

1. Ihr solltet euch nach eurem Streit nicht gleich wieder treffen.

2. Es fällt ihr sehr schwer, den Freund ihrer Tochter zu akzeptieren. Den hat sie sich anders gewünscht.

3. Du darfst nicht glauben, dass es nur eine Möglichkeit gibt, zu denken oder zu handeln. Man muss für Neues im Leben offen sein.

4. Ich weiß nicht mehr, was ich zuerst tun soll. Im Büro könnte ich Tag und Nacht arbeiten und zu Hause ist es auch nicht anders.

a. Ich schaffe es nicht, *über* den Dingen stehen.

b. Die Arbeit wächst mir langsam *über* den Kopf.

c. Lasst erst mal Gras *über* die Sache wachsen.

d. Schau doch mal *über* deinen Tellerrand.

e. Sie kann nicht *über* ihren Schatten springen.

5. Nach dem Unfall war sie lange auf der Intensivstation. Langsam geht es aufwärts.

6. Vor fünf Jahren ist mein bester Freund arbeitslos geworden.

7. Wie kann eine vierköpfige Familie ohne Geld und Ausbildung nach Australien auswandern?

8. Das Paar im Nachbarhaus leistet sich jeden Luxus wie teure Autos und Flugreisen. Das kostet mehr als sie verdienen.

9. Mein Hund ist 13 Jahre alt und krank. Ich will ihn aber nicht einschläfern lassen.

a. Das geht *über* meinen Verstand.

b. Das bringe ich einfach nicht *übers* Herz.

c. Sie leben offensichtlich *über* ihre Verhältnisse.

d. Seitdem hält er sich mit Gelegenheitsjobs *über* Wasser.

e. Sie ist jetzt *über* dem Berg.

D. Stadt & Land

D1 Wo findet man dieses Graffiti?

Ergänzen Sie *an*, *auf*, *neben*, *unter* oder *zwischen*. Manchmal gibt es mehrere Möglichkeiten.

Der Bananen-Sprayer war mal wieder unterwegs ...

0. Man findet seine Bananen _*neben*_ Museumseingängen,

1. ... _____ Straßenschildern,

2. ... _____ Brücken,

3. ... _____ Häuserwänden,

4. ... _____ Garageneinfahrten,

5. ... _____ Telefonkästen,

6. ... _____ Werbeplakaten,

7. ... _____ Fensterscheiben.

D2 Im Straßenverkehr

Ergänzen Sie die Präpositionen und Artikel.

~~auf dem~~ • auf der • auf der • durch die • in die • um den

0. Kinder unter 8 Jahren müssen _*auf dem*_ Gehweg Rad fahren.

1. Radfahrer dürfen nicht _____ _____ Autobahn fahren.

2. LKWs dürfen nicht _____ _____ Altstadt fahren.

3. _____ _____ Busspur dürfen nur Busse und Taxis fahren.

4. _____ _____ Straße darf man nicht hineinfahren.

5. Das ist eine Einbahnstraße. Wir müssen einmal _____ _____ Block fahren, dann sind wir richtig.

D3 Universitätsstadt Göttingen

Ergänzen Sie die Präpositionen und Artikel. Nur eine Lösung ist richtig.

UNIVERSITÄTSSTADT GÖTTINGEN

Fahren Sie doch einmal *mit dem*
(0) Zug _____ (1) Göttingen.
Göttingen liegt _____ (2) Mitte
Deutschlands und ist _____ (3)
Zug _____ (4) maximal vier Stunden
_____ (5) jeder Ecke des Landes zu
erreichen. Es liegt von Wald umgeben _____ (6) Tal. Die mittelal-
terliche Stadt ist _____ (7) Fuß gut zu erkunden. Gemütlich ist ein
Rundgang durch die Innenstadt _____ (8) Stadtwall _____ (8)
Botanischen Garten. Schauen Sie sich den Gänseliesel-Brunnen
_____ (9) alten Rathaus an. _____ (10) alter Tradition muss das
Gänseliesel _____ (11) bestandener Doktorarbeit geküsst werden.
Vielleicht möchten Sie jetzt auch _____ (12) Göttingen studieren?
Die Stadt ist berühmt für ihre Universität. Bildung und Wissenschaft
stehen hier _____ (13) erster Stelle. Und: _____ (14) Straße und
_____ (15) Geschäften wird reinstes Hochdeutsch gesprochen!

0.	a. auf dem	4.	a. ---	8.	a. vom ... bis zum	12.	a. an
	b. mit dem		b. in		b. von ... bis		b. in
	c. in dem		c. um		c. vom ... bis zur		c. zu
1.	a. zu	5.	a. aus	9.	a. vor dem	13.	a. in
	b. in		b. an		b. zwischen dem		b. an
	c. nach		c. von		c. vor der		c. auf
2.	a. in	6.	a. in einem	10.	a. Für	14.	a. In der
	b. in der		b. unter einem		b. Mit		b. Auf der
	c. in die		c. auf einem		c. Nach		c. In die
3.	a. bei	7.	a. bei	11.	a. nach	15.	a. in die
	b. pro		b. zu		b. vor		b. in das
	c. per		c. mit		c. während		c. in den

D4 Meine liebste Jahreszeit

Ergänzen Sie die Präpositionen.

Ich liebe ...	Ich hasse ...

1.a **den Frühling.** _Im_ Frühling ist die Natur am schönsten. _____ den Gärten und _____ den Wiesen blüht alles. Ich liebe es, _____ dem Rad _____ die Felder zu fahren. _____ der Früh ist es hell und man kommt wieder leichter _____ dem Bett.

auf – aus – ~~im~~ – in – in – mit – über

1.b **den Frühling,** besonders den April. _____ April regnet es meistens, da kann man selten _____ Regenschirm _____ dem Haus gehen. Regnet es nicht, sind überall Pollen _____ der Luft. _____ Allergiker wie mich ist das schlecht.

aus – für – im – in – ohne

2.a **den Sommer.** _____ Sommer ist es angenehm warm. Ich liebe es, _____ schönem Wetter _____ Schwimmbad zu gehen und _____ der Sonne zu liegen. _____ den Sommermonaten fahren wir oft _____ Italien _____ Segeln.

bei – im – in – in – ins – nach – zum

2.b **den Sommer,** weil ich extreme Hitze nicht mag. Urlaub _____ Mittelmeer finde ich schrecklich, ich fahre lieber _____ „kalte" Länder. Schon bei Temperaturen _____ 25 Grad wird es mir zu warm. Wird es noch wärmer, stehe ich oft _____ der Dusche.

am – in – um – unter

Ich liebe ...

3.a den Herbst. _____ Herbst ist es nicht mehr so heiß. Ich liebe es, _____ Wald Pilze zu sammeln. Die Sträucher und Bäume leuchten _____ bunten Farben. _____ den Wegen liegen Kastanien und _____ Gehen rascheln die Blätter.

auf – beim – im – im – in

4.a den Winter. _____ Winter schneit es. Ich liebe es, _____ der warmen Wohnung zu sitzen und _____ dem Fenster zu schauen. Aber ich gehe auch gern _____ Schnee und Kälte spazieren. _____ Januar habe ich Geburtstag.

aus – bei – im – im – in

Ich hasse ...

3.b den Herbst. _____ Abend wird es wieder früh dunkel und kalt. Man kann nicht mehr _____ der Terrasse sitzen. Dann kommen die Tage, _____ denen alles grau und unfreundlich ist. Das bleibt dann so _____ Frühjahr. Einfach schrecklich!

an – am – auf – bis zum

4.b den Winter. Ich finde ihn langweilig und viel zu kalt. _____ Glatteis hatte ich letztes Jahr _____ meinem Rad einen Unfall. Schnee mag ich nur _____ Weihnachten. Auch Wintersport ist nichts _____ mich.

an – für – mit – wegen

D

D5 Zu Fuß oder mit dem Flugzeug?

Ergänzen Sie die Nomen. Mehrere Antworten sind möglich.

> e Arbeit • r Arzt • r Berg • r Block • s Einkaufen
> e Ferienwohnung • e Geschäftsreise Hamburg • e Hochzeit
> e Innenstadt • e Insel • r Kindergarten • e Kneipe • Liechtenstein
> r Markt • r Möbelmarkt • e Mutter • r Obststand • r Park • e Post
> e Reparatur • Rom • e Schule • e Schwester • r Spielplatz
> r Sportplatz • e Tankstelle • r TÜV • r Urlaub • r Wald

1. Mit dem Auto fahre ich ...
   a. zum _Möbelmarkt, ..._____
   b. die Kinder von der _____ nach Hause.
   c. in die _____
   d. zu meiner _____

2. Mit dem Fahrrad fährt er ...
   a. in den _____
   b. zur _____
   c. auf den _____
   d. in die _____

3. Mit Lufthansa fliegt sie ...
   a. in den _____
   b. auf eine _____
   c. mal schnell nach _____
   d. zu meiner _____

4. Wir gehen zu Fuß ...
   a. um den _____
   b. in eine _____
   c. zu meinem _____
   d. in diese _____

D6 Wo wohnst du?

Ergänzen Sie die Präposition *in* und den best./unbest. Artikel.

0. *In einer* Pension in ruhiger Lage.

1. _____ _____ Schlafstadt.

2. _____ _____ Jugendherberge.

3. ___ Studentenwohnheim.

4. _____ _____ 1-Zimmer-Apartment.

5. _____ _____ WG / Wohngemeinschaft.

6. _____ _____ möblierten Zimmer zur Untermiete.

7. _____ _____ Hotel-Suite mit Dachterrasse.

8. _____ _____ Wohnung mit Blick auf die Berge.

9. _____ _____ Dorf.

10. _____ _____ Neubau-Siedlung am Stadtrand.

11. _____ _____ Container.

12. ___ zehnten Stock eines Hochhauses.

13. _____ _____ Vorort.

14. _____ _____ Wohnblock neben der Autobahn.

15. Übrigens: Mein Hund wohnt zurzeit _____ _____ Hundehotel.

s Apartment	s Heim	e Pension	e Suite
r Block	e Herberge	e Siedlung	e WG
r Container	s Hotel	e Stadt	e Wohnung
s Dorf	r Ort	r Stock	s Zimmer

Zusatzaufgabe: Wo wohnen Sie? Wo wohnen Ihre Freunde?

D7 Heimische Tiere

Ergänzen Sie die Präpositionen mit Artikel und Nomen.

0. Enten findet man
   am Wasser.

 1. Hasen findet man

   ___ ___.

2. Gemsen findet man
   ___ ___.

 3. Rehe findet man

   ___ ___.

4. Maulwürfe findet
   man ___ ___
   ___.

 5. Tauben findet man ___

   ___.

6. Eichhörnchen
   findet man

   ___ ___.

 7. Mücken findet man ___
   stehenden

   ___.

8. Den Hahn findet
   man ___ ___
   ___.

am

an

auf

auf

auf dem

auf dem

im

im

unter der

Bäume

Erde

Feld

Gewässer

Hausdächer

Hochgebirge

Misthaufen

Wald

Wasser

D8 Fahren mit Rücksicht

Bilden Sie Sätze und ergänzen Sie die Präpositionen *auf*, *bei*, *in* oder *zu*.

Bitte fahren Sie ... vorsichtig/langsamer!

0. Bitte fahren Sie _auf_ nassen Straßen langsamer!

1. ... _____ Schneefall ...

2. ... _____ starkem Regen ...

3. ... _____ Landstraßen ...

4. ... _____ Spielstraßen ...

5. ... _____ Nebel ...

6. ... _____ Staugefahr ...

7. ... _____ Stoßzeiten ...

8. ... _____ Aquaplaning ...

9. ... _____ Wohngebieten ...

10. ... _____ der Nähe von Schulen und Kindergärten ...

D9 Ich war in Berlin!

Ergänzen Sie die Präpositional-Ausdrücke mit *zu*.

Sie erzählen von Ihrer Berlin-Reise:

1. Meine Oma hat mir _zum Geburtstag_ eine
   Reise nach Berlin geschenkt. _____

   _____ konnte sie nicht selbst
   mitkommen. Sie ist nämlich _____
   krank geworden.

   zu meinem
   Bedauern
   zu Reisebeginn
   ~~zum Geburtstag~~

2. _____ sind in Berlin immer viele
   Touristen. _____
   habe ich vor dem Brandenburger Tor Salzburger
   Bekannte getroffen.

   _____ haben wir
   alle eine Dose mit Berliner
   Luft gekauft.

   zu meiner
   Überraschung
   zu Ostern
   zum Spaß

3. Leider ist bei einer Tagestour
   in den Grunewald mein Fahrrad
   kaputt gegangen. Ich musste
   drei Kilometer _____ laufen und das
   _____ voll in der Sonne. _____
   _____ war es an dem Tag nicht so heiß.

   zu Fuß
   zum Glück
   zum Teil (z.T.)

4. Lange habe ich ein Geschenk für meine Oma
   gesucht. _____ habe ich ein Berlin-
   Video gekauft. Mir habe ich _____
   einen Berliner Bären ausgesucht. _____
   _____ lese ich ein gutes Buch über die
   Geschichte Berlins. Ich finde, Berlin gilt _____
   _____ als interessante Stadt.

   zu Recht
   zum Schluss
   zur Erinnerung
   zur Zeit

E. Urlaub & Freizeit

E

E1 Wochenendpläne

Antworten Sie mit der Präposition *in* + Akk.

Am Wochenende gehen wir ins Theater. Und was macht ihr?

0. Wir wollten eigentlich _in den Zoo_ , aber
jetzt gehen wir _in den Zirkus_ .

| r Zoo – r Zirkus |

1. Wir wollten eigentlich mit dem Rad
_____ fahren, aber jetzt fahren
wir _____ .

| r Naturpark –
s Olympiazentrum |

2. Wir wollten eigentlich _____
gehen, aber jetzt gehen wir _____

| s Schwimmbad –
s Museum |

3. Wir wollten eigentlich _____ fahren,
aber jetzt gehen wir _____ .

| s Gebirge –
e Kletterhalle |

4. Wir wollten eigentlich _____ um
die Ecke gehen, aber jetzt fahren wir
_____ und gehen _____ .

| s Fischrestaurant –
e Stadt – s Kino |

5. Wir wollten eigentlich _____
gehen, aber jetzt gehen wir _____ .

| e Oper – s Musical |

6. Wir wollten eigentlich zum Internetsurfen
_____ gehen, aber jetzt gehen wir
_____ .

| e Stadtbücherei –
s Internet-Café |

E2 Einladung zum Kindergeburtstag

Ergänzen Sie die Präpositionen.

> am · bei · bis · gegen · in · ins · um · von · ~~zu~~
> zu · zum

Liebe Martha,

__zu__ (0) meiner Geburtstagsfeier ____ (1) Samstag, den
5. Mai, ____ (2) 15 Uhr möchte ich dich ganz herzlich
einladen. Wir treffen uns ____ (3) mir ____ (4) Hause
____ (5) der Blumenstraße 25. ____ (6) dort gehen wir
gemeinsam ____ (7) Kegeln ____ (8) Restaurant
Berger. Dort gibt es natürlich einen Geburtstagskuchen!
Ende der Feier ist _____ (9) 18 Uhr.
Ich freue mich sehr, wenn du kommst.

Deine Regine

P.S.: Gib mir bitte ____ (10) Donnerstag Bescheid.

___

Zusatzaufgabe: Schreiben Sie eine Einladung zu einem Kindergeburtstag.

E3 Wenn man verreist

A. Was passt? Ordnen Sie zu und ergänzen Sie die Artikel.

Zwei verreisen. Wohin kommt der Pass?

0. Der Pass und das Geld kommen

1. Die Kleidung kommt

2. Das Waschzeug kommt

3. Der Schmuck kommt

4. Die Schuhe kommen

5. Der Regenschirm und der Sonnenhut kommen

6. Das Buch und der MP3-Player kommen

7. Die Sonnenbrille kommt

8. Die Wasserflasche kommt

9. Der Hund kommt

10. Den Schlüssel hänge ich mir

a. in _____ Etui.

b. um _____ Hals.

c. in *die* Jackentasche.

d. in _____ Kosmetiktasche.

e. in _____ Reisekoffer.

f. in _____ Rucksack.

g. in _____ Schmucktäschchen.

h. in _____ Schuhbeutel.

i. in _____ Seitenfach des Koffers.

j. in _____ Seitentasche des Rucksacks.

k. in _____ Transportbox.

0.	1.	2.	3.	4.	5.	6.	7.	8.	9.	10.
c										

B. Formen Sie die Sätze 1-8 um.

0. Hol mal bitte *den* Pass und *das* Geld *aus der* Jackentasche.

r Beutel	s Etui	r Hals	r Rucksack
e Box	s Fach	r Koffer	e Tasche

E4 Postkarten von der Weltreise

Ergänzen Sie *aus* oder *von / vom*.

Grüße

Herzliche Grüße

Viele Grüße

Liebe Grüße

Alles Liebe

Kuss

Bussi

Wir grüßen Euch

0. _von_ unserer Weltreise

1. _____ Flughafen Frankfurt

2. _____ Luxor

3. _____ dem Tal der Könige

4. _____ Kilimandscharo

5. _____ Kapstadt

6. _____ Kap der Guten Hoffnung

7. _____ New York

8. _____ Kalifornien

9. _____ der Küste Kaliforniens

10. _____ der Südsee

11. _____ den Fidschi-Inseln

12. _____ Neuseeland

13. _____ australischen Kontinent

14. _____ den Philippinen

15. _____ Thailand

16. _____ der Chinesischen Mauer

17. _____ Moskau

18. _____ Roten Platz

E5 Entschuldigung, ich suche ...

A. Ergänzen Sie mithilfe der Zeichnung die gesuchte Sehenswürdigkeit.

Zwei Touristen in Weimar fragen eine Passantin nach dem Weg:
„Entschuldigung. ..."

0. Wo ist denn das *Stadtmuseum* (A)? – Gehen Sie um die Jakobskirche herum, dann geradeaus bis zum Ende der Straße.

1. Können Sie uns helfen? Wir suchen das _____.
   – Gehen Sie hier geradeaus am Rathaus vorbei, nach ein paar Metern sehen Sie es schon am Ende der Straße.

2. Können Sie uns auf dem Stadtplan _____ zeigen? – Sehen Sie, hier neben dem Fluss ist _____. Am besten gehen Sie durch den Park, dann sind Sie in fünf Minuten dort.

3. Eine Frage. Wir stehen hier vor dem Roten Schloss. Wo ist nun eigentlich das _____? – Gleich hier gegenüber dem Roten Schloss.

4. Hier irgendwo muss doch das _____ sein? – Ja, Sie gehen einfach den Fußweg weiter am Fluss entlang. Es ist dort das einzige Haus im Park. Sie können es nicht verfehlen.

5. Ist das _____ noch weit? – Nein, Sie müssen nur hier über die Brücke. Sehen Sie das große Gebäude auf der anderen Seite? Das ist es.

6. Wo steht eigentlich das _____? – Folgen Sie einfach der Straße bis zur ersten Kreuzung. Wenn Sie dann rechts gehen, sehen Sie es schon.

B. Unterstreichen Sie alle Ortsangaben mit Präposition.

0. Wo ist denn das Stadtmuseum? – Gehen Sie *um die Jakobskirche herum*, dann geradeaus *bis zum Ende* der Straße.

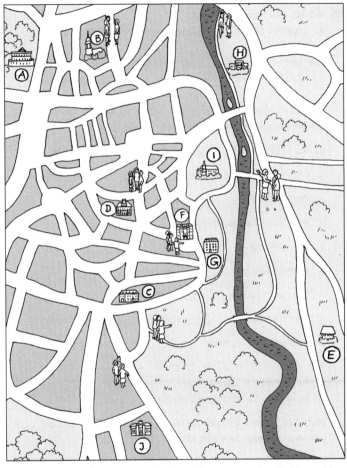

A = Stadtmuseum E = Goethes Gartenhaus I = Residenzschloss
B = Jakobskirche   F = Rotes Schloss   J = Bauhaus
C = Goethehaus   G = Grünes Schloss
D = Rathaus   H = Goethe-Schiller-Archiv

E6 Wo ist das Geld versteckt?

A. Ergänzen Sie die Präpositionen + *Akkusativ* und Artikel.

> ~~auf den~~ · hinter das · in den · in den · in die · in die · in die
> in die · ~~unter das~~ · unter den · unter die · zwischen die

Sie sind in einem Hotelzimmer und suchen ein Versteck für ihr Bargeld, das sich in einem Umschlag befindet. Sie überlegen:

0. Am besten lege ich es ___*auf den*___ Nachttisch ___*unter das*___ Buch.

1. Oder vielleicht stecke ich es _____ Seitentasche des Koffers.

2. Oder ich lege es _____ Ausweismappe.

3. Oder ich stecke es einfach _____ Hosentasche.

4. Oder ich lege es _____ Sack _____ Wäsche.

5. Oder ich lege es _____ Fernseher.

6. Oder ich stecke es _____ Bild.

7. Oder ich lege es _____ Schublade _____ Socken.

8. Oder sollte ich es besser _____ Hoteltresor legen?

B. Formen Sie die Sätze 1-8 um.
Verwenden Sie die Präpositionen + *Dativ*.

Nach fünf Stunden kommen Sie wieder und stellen fest, dass der Umschlag mit dem Geld weg ist.

0. Es liegt nicht mehr ___*auf dem*___ Nachttisch ___*unter dem*___ Buch.

1. Es liegt/steckt nicht mehr ....

C. Bilden Sie Sätze mit *aus* oder *von*.

Jemand muss das Geld genommen haben, aber außer dem
Zimmermädchen war niemand im Raum.

0. Vielleicht hat das Zimmermädchen das Geld *vom* Nachttisch
genommen.

5./6. Sie hat es vielleicht .... hervorgeholt.

Und was ist wirklich passiert? Das Zimmermädchen hat den Umschlag mit
dem Geld tatsächlich gefunden und sofort an die Rezeption gebracht.

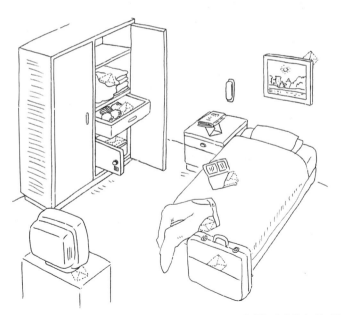

E7 Reisepläne

Ergänzen Sie die Präpositionen.

0. Wir gehen drei Monate lang
   auf Weltreise.

1. _____ 7. Juli 2007 fliegen
   wir _____ Frankfurt ab.

2. Zuerst fliegen wir _____
   New York.

3. Eine Woche später geht es
   _____ dort _____ Kalifornien.

4. Dort nehmen wir ein Mietauto
   und fahren _____ der Küste
   _____, aber wir wollen
   auch _____ Landesinnere.

5. _____ Kalifornien fliegen wir
   weiter _____ die Südsee.

6. Unser Flug geht _____ Los
   Angeles.

7. _____ 27. Juli _____ 4. August
   haben wir _____ Bora Bora ein
   Hotel _____ Strand gebucht.

8. Danach geht es weiter
   _____ Neuseeland und
   Australien.

9. _____ diesem Kontinent
   gibt es _____ zwei Wochen
   mehr als genug zu sehen.

10. _____ Australien fliegen wir
    _____ Asien. Der Flug geht
    _____ Singapur _____
    Pakistan.

11. _____ dort _____ würden wir
    gern ein paar Tage _____ den
    Iran reisen.

12. Unser Rückflug _____
    Europa ist auch schon
    gebucht. _____ 7. Oktober
    geht es dann ___ Karatschi
    (Pakistan) _____ die Türkei
    wieder _____ Hause.

    Mal sehen, ob alles klappt!

---

ab · am · am · an ... entlang
auf · auf · in · ins · nach · nach
vom ... bis · von · von · von

ab · am · auf · in · in · nach
nach · nach · nach · nach
über · über · von · von ... aus

E8 Treffpunkt

Ergänzen Sie die Präpositionen und Artikel.

Sie gehen zu einem Fußballspiel und vereinbaren einen Treffpunkt.

0. Wir treffen uns am besten (auf) _auf dem_ Parkplatz (neben)
   neben dem Stadion.

1. Wir stehen (an) _____ U-Bahnausgang, der (zu)
   _____ Parkplatz führt.

2. Wir warten (an) _____ Kassen (vor) _____
   Haupteingang.

3. Am besten treffen wir uns (in) _____ U-Bahn vorne (in)
   _____ ersten Wagon.

4. Treffpunkt ist (an) _____ großen Uhr (vor) _____
   Stadioneingang.

5. Ihr findet uns (an) _____ Kiosk (neben) _____
   Aufgang (zu) _____ (unser) _____ Plätzen.

6. Wir sehen uns direkt (in) _____ Stadion (bei) _____
   Sitzplätzen.

E9 Immer unterwegs

A. Bilden Sie Sätze mit *aus*.

> e Bäckerei • Berge *Pl.* • e Bibliothek • s Fitness-Studio
> s Fußballstadion • Kiel • Madrid • Salzburg
> e Schweiz • e Stadt • e USA

		Er/Sie kommt gerade
0.	Er war in Kalifornien und Texas.	... _aus den USA_.
1.	Er hat einen Segelkurs gemacht.	... _____.
2.	Sie war beim Skifahren.	... _____.
3.	Er hat die Mozart-Stadt besichtigt.	... _____.
4.	Sie war auf dem WEF/World Economic Forum in Davos.	... _____.
5.	Er musste ein Buch zurückgeben.	... _____.
6.	Sie hat drei Wochen Spanisch gelernt.	... _____.
7.	Er hat trainiert.	... _____.
8.	Sie war mit Einkaufstüten beladen.	... _____.
9.	Sie hat Kuchen mitgebracht.	... _____.
10.	Er hat Fußball-Fahnen geschwenkt.	... _____.

B. Bilden Sie Sätze mit *von*.

> eine Amerikareise • Einkaufen • ein Freund • s Fußballspiel
> eine Geburtstagsfeier • eine Geschäftsreise • Salzburger Festspiele *Pl.*
> von einer Amerikareise • eine Segeltour • Skifahren • r Sport
> ein Sprachkurs

0. Er kommt gerade _von einer Amerikareise_.

E10 Veranstaltungstipps

Ergänzen Sie die Präpositionen und Artikel.

Was ist diese Woche in der Stadt los?

1. _Am_ Samstag _____ 20 Uhr gibt es
_____ Olympiahalle ein **Jazzkonzert**
_____ Andrew Louis _____ USA.

> **JAZZKONZERT**
> Louis (USA)
> *Sonntag 20 Uhr*
> Olympiahalle

am • aus den • in der • mit • um

2. _____ Mittwoch _____ 19 Uhr gibt es
einen **Vortrag** _____ Thema „Gesünder
kochen" _____ Starkoch Alexander Herrmann
_____ Aula der Universität.

> **VORTRAG**
> „Gesünder kochen"
> Alexander Herrmann
> *Mittwoch 19 Uhr*
> Aula der Universität

am • in der • mit dem • um • zum

3. Nur noch _____ Ende Februar läuft die
Ausstellung _____ Werken _____ Daniel
Richter _____ Düsseldorfer Kunsthalle
_____ Grabbeplatz 4.

> **AUSSTELLUNG**
> Daniel Richter
> *3.1.-27.2.*
> Kunsthalle Düsseldorf

am • bis • in der • mit • von

4. _____ Samstag _____ 10 Uhr gibt es eine
Führung _____ Altstadt _____ Besuch des
Stadtmuseums. Die Führung beginnt _____
Rathaus und endet dort _____ 11:30 Uhr.

> **FÜHRUNG**
> Altstadt + Stadtmuseum
> *Samstag 10 Uhr*
> Treffpunkt Rathaus
> Dauer ca. 90 Min.

am • durch die • gegen • mit • um • vor dem

5. _____ Sonntag findet _____ evangeli-
schen Kirche St. Michael _____ 15 Uhr ein
Orgelkonzert statt. Der Eingang ist _____
Sakristei. Der Eintritt kostet 6 €, _____
Kinder _____ 12 ist das Konzert kostenlos.

> **ORGELKONZERT**
> St. Michael
> *Sonntag 17 Uhr*
> Eingang Sakristei
> Preis 6 € (Kinder frei)

am • für • in der • neben der • um • unter

E11 Ferien am Bodensee

Ergänzen Sie die Präpositionen und Artikel.

1. Wie kommen wir __*von*__ hier __*nach*__ Österreich? – Entweder fahren
   Sie noch 50 Kilometer weiter _____ See _____ oder Sie fahren
   _____ Gegenrichtung einmal _____ ganzen See _____.

2. Wo finden wir das Schweizer Städtchen Stein _____ Rhein? –
   Wenn Sie hier _____ Ecke die Straße _____ Rhein nehmen,
   können Sie es _____ Weitem _____ anderen Ufer erkennen.

3. Wie kommt man am besten _____ Friedrichshafen? – Am schönsten ist es _____ Schiff, am schnellsten _____ Auto und am
   umweltfreundlichsten _____ Bahn.

4. _____ welcher Richtung liegen die Schweizer Alpen? – Sie liegen
   da drüben _____ Südwesten. Der höchste _____ Schnee bedeckte
   Berg ist der Säntis. _____ dort hat man einen tollen Blick.

5. _____ welcher Stadt finden die berühmten Festspiele statt? –
   Sie meinen sicher die Festspiele _____ Bregenz. Das sind die
   bekanntesten, aber _____ See gibt es _____ anderen Orten
   weitere kleinere Festspiele, sowohl _____ deutscher als auch
   _____ schweizerischer Seite.

6. _____ welchen Ländern stammen die Touristen, die _____
   Bodensee kommen? – Die meisten kommen _____ Deutschland,
   Österreich und _____ Schweiz. _____ deutschsprachigen
   Touristen kommen die Niederländer, noch _____ ausländischen
   Gästen _____ Frankreich, Italien und _____ USA.

7. Können Sie uns ein schönes Restaurant _____ Grünen möglichst
   _____ Seeblick empfehlen? – Fahren Sie _____ Uferstraße
   Richtung Konstanz. _____ etwa drei Kilometern finden Sie
   _____ Straße _____ Hang ein schönes Gartenrestaurant.

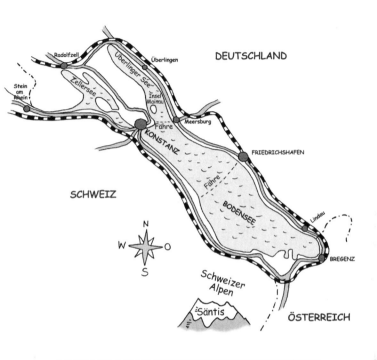

am – auf der – im – mit – nach – oberhalb der
am – am – um die – von – zum
am ... entlang – in der – ~~nach~~ – um den ... herum – ~~von~~
an den – aus – aus – aus – aus den – aus der – nach den – vor den
auf – auf – in – in – in – rund um den
im – in – mit – von
mit dem – mit dem – mit der – nach

E12 Wohin geht die Traumreise?

Ergänzen Sie die Präpositionen und Artikel.

0. _In die_ Karibik _zum_ Baden.

1. _____ Island _____ heißen Quellen.

2. _____ Kanarischen Inseln _____ Radfahren.

3. _____ Afrika _____ Krüger Nationalpark.

4. _____ Regenwald _____ Forschungscamp.

5. _____ Insel Mainau _____ Bodensee.

6. _____ französischen Alpen _____ Skifahren.

7. _____ Wien _____ Opernball.

8. _____ Atlantik _____ Surfen.

9. _____ Weltall und _____ Mond.

10. _____ Pinguinen _____ Südpol.

11. _____ Kreuzfahrtschiff _____ St. Petersburg.

12. _____ Eisbären _____ Nordpol.

13. _____ Sonnenwendfeier _____ Schweden.

14. _____ Karneval _____ Rio.

15. _____ sibirischen Eisenbahn _____ Peking (Beijing).

16. _____ Rote Meer _____ Tauchen.

s All	r Ball	e Insel	r Mond	e Quelle
Alpen Pl.	s Camp	r Karneval	r Park	s Schiff
r Atlantik	r Bär	e Karibik	r Pinguin	r See
e Bahn	e Feier	s Meer	r Pol	r Wald

E13 Absagen von Veranstaltungen

Formen Sie die Nebensätze in Präpositional-Ergänzungen um.
Verwenden Sie *mangels*, *trotz* (+ Gen.) oder *wegen* (+Gen./Dat.).

0. Die Veranstaltung wurde abgesagt, weil sich nicht genügend
   Interessenten fanden.
   (Interesse) _Mangels Interesse_ wurde die Veranstaltung abgesagt.

1. Das Konzert wurde abgesagt, obwohl das Wetter schön war.
   (schönes Wetter) _____

2. Die Popgruppe musste das Konzert absagen, weil der Sänger erkältet
   war.
   (eine Erkältung des Sängers) _____

3. Obwohl das Straßenfest im letzten Jahr ein Erfolg war, gibt es dieses
   Jahr keine Genehmigung dafür.
   (der Erfolg im letzten Jahr) _____

4. Das Festival kann nicht stattfinden, weil Sponsoren fehlen.
   (Sponsoren) _____

5. Das Grillfest wurde abgesagt, weil es regnete.
   (Regen) _____

6. Die Theateraufführung muss ausfallen, weil die Schauspieler streiken.
   (ein Streik der Schauspieler) _____

7. Das Laientheater kann derzeit kein Programm anbieten, weil die
   finanzielle Unterstützung durch die Stadt wegfällt.
   (finanzielle Unterstützung durch die Stadt) _____

8. Obwohl das Musikfestival den Tourismus belebt, soll es nur noch alle
   drei Jahre stattfinden.
   (eindeutige Vorteile für den Tourismus) _____

E14 Einladung zum 30. Geburtstag

Es gibt 12 Fehler bei den Präpositionen und Artikeln. Korrigieren Sie diese.

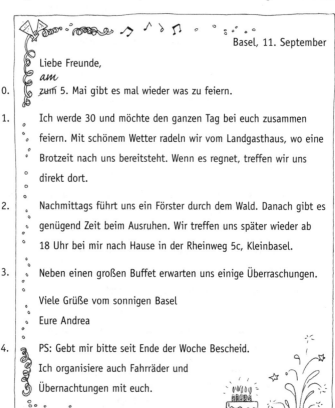

Basel, 11. September

Liebe Freunde,

am

0.   ~~zum~~ 5. Mai gibt es mal wieder was zu feiern.

1.   Ich werde 30 und möchte den ganzen Tag bei euch zusammen

feiern. Mit schönem Wetter radeln wir vom Landgasthaus, wo eine

Brotzeit nach uns bereitsteht. Wenn es regnet, treffen wir uns

direkt dort.

2.   Nachmittags führt uns ein Förster durch dem Wald. Danach gibt es

genügend Zeit beim Ausruhen. Wir treffen uns später wieder ab

18 Uhr bei mir nach Hause in der Rheinweg 5c, Kleinbasel.

3.   Neben einen großen Buffet erwarten uns einige Überraschungen.

Viele Grüße vom sonnigen Basel

Eure Andrea

4.   PS: Gebt mir bitte seit Ende der Woche Bescheid.

Ich organisiere auch Fahrräder und

Übernachtungen mit euch.

Zusatzaufgabe: Schreiben Sie eine Einladung zu Ihrem nächsten runden
Geburtstag.

F. Schule & Beruf

F

F1 Wo ist die Chefin?

A. Ergänzen Sie *aus* oder *von/vom*.

Frau Kuhn, ich suche unsere Chefin.

0. Sie kommt gleich _*von*_ einer Geschäftsreise zurück.

1. Sie kommt in einer Stunde _____ der Hannover-Messe zurück.

2. Sie kommt erst morgen _____ Hamburg zurück.

3. Sie kommt jeden Moment _____ der Sitzung.

4. Sie kommt gerade _____ einer wichtigen Konferenz.

5. Sie kommt gerade _____ dem Nebenzimmer.

6. Sie kommt sicher gleich _____ Arzt zurück.

7. Sie kommt erst in zwei Tagen _____ China zurück.

8. Sie kommt gerade _____ ihrem Büro.

9. Sie kommt gleich _____ der Kantine.

10. Sie kommt gerade _____ Flughafen.

B. Formen Sie die Antworten um.

0. Sie ist gerade _*auf*_ einer Geschäftsreise.

C. Finden Sie eine Regel für die Verwendung von *aus* und *von/vom*. Vergleichen Sie die Sätze 0 bis 10 in Teil A und B.

F2 Anfahrtsweg zum Hotel

Was passt: Ergänzen Sie die Präpositionen und Artikel.

Das **Konferenz-Hotel Hessler** ist in Köln in der Königstr. 56.

▶▷ **So erreichen Sie es:**

Mit **öffentlichen Verkehrsmitteln** benötigen Sie fünf Minuten _vom_ (0) **Hauptbahnhof** _____ (1) Hotel. Die Straßenbahnen halten direkt _____ (2) Hotel. Nehmen Sie die Nummer 6 oder 10 stadteinwärts _____ (3) Haltestelle Messe. Kaufen Sie vorher Ihre Fahrkarte _____ (4) Automaten, am besten eine Einzel-Fahrkarte für 1,20 Euro.

Wenn Sie mit dem **Flugzeug** ankommen, können Sie mit dem Taxi für 45 Euro _____ (5) Innenstadt gelangen. Billiger ist es, den Flughafenbus _____ (6) Hauptbahnhof zu nehmen. Die Bushaltestelle befindet sich direkt _____ (7) Taxi-Stand.

Falls Sie mit dem **Auto** _____ (8) Köln fahren, folgen Sie den Schildern Richtung Innenstadt. Mithilfe des Parkleitsystems kommen Sie gut _____ (9) Parkhäusern Messe 1 + Messe 2.

---

0. a. vom
   b. ab

1. a. nach
   b. zum

2. a. vor das
   b. vor dem

3. a. bis zur
   b. bis zu

4. a. im
   b. am

5. a. in die
   b. zum

6. a. für den
   b. zum

7. a. neben dem
   b. unter das

8. a. zu
   b. nach

9. a. zu den
   b. in die

F3 Rund ums Schreiben

Streichen Sie den falschen Artikel durch. In zwei Sätzen müssen Sie beide Artikel streichen.

0. Kann ich kurz einen Brief auf *deinem/deinen* Computer schreiben?

1. Bitte nicht in *dem/das* Buch schreiben.

2. Können Sie bitte das Wort an *der/die* Tafel schreiben.

3. Bitte schreiben Sie das Protokoll auf *dem/das* Deutsch.

4. Bitte hier an *dieser/diese* Stelle unterschreiben.

5. Schreibt bitte die Lösungen auf *einem/ein* Blatt Papier.

6. Du solltest den Termin in *deinem/deinen* Kalender rot markieren.

7. Einen Moment, ich muss noch eine SMS in *meinem/mein* Handy tippen.

8. Der Brief ist in *dem/den* gutem Deutsch geschrieben.

9. Schreiben Sie bitte Ihren Namen und Ihre Telefonnummer auf *der/die* Liste.

10. Bitte geben Sie auf *dem/das* Formular auch Ihre E-Mail-Adresse an.

11. Bitte tragen Sie sich in *der/die* Anwesenheitsliste ein.

12. Schreib dir das bitte hinter *den/die* Ohren!*

* Redewendung: *Merk dir das gut.*

F4 Korrekturen am Text

Was passt? Ergänzen Sie die Präpositionen und Artikel.

> ~~am~~ • am • in der • neben der • über dem • unter dem
> zwischen den

Sie bekommen einen Text korrigiert zurück.

0. Die Plus- und Minuspunkte stehen _am_ Rand.

1. _____ _____ Zeilen ist genug Platz für stilistische Varianten.

2. Die korrekte Lösung steht direkt _____ _____ Wort.

3. Die Fehlerkürzel stehen ____ Rand _____ _____ Textstelle.

4. Die erreichte Punktzahl steht rechts oben ____ _____ Ecke.

5. Ein ausführlicher Kommentar steht _____ _____ Text.

Thema: **Blabla** von *Isabel Meier*	*10 Punkte*
blablabla blablablabla blablabla blablablabla	+
blablabla bla bal alb blablablabla bla blablablablablabla	
blablabla blablablabla blablabla blablablabla	*stil*
bla pla blablabla blabla blablablabla blablabla	–
bla blo blablabla blabla blablabla blablablabla	R
blablablabla blablabla blablabla blablablabla	GR
Ganz gut, aber zu viele Leichtsinnsfehler.	+

F5 Ein Manager unterwegs

Ergänzen Sie die Präpositionen und Artikel.

0. Morgens _um_ 8 Uhr fährt er _ins_ Büro.

1. _____ Geschäftsreise muss er noch
   _____ Mitarbeitergespräch.

2. Danach fährt er direkt _____ Rapperswil
   _____ Schweizer Niederlassung seiner
   Firma.

3. Gleich _____ der Ankunft begibt er sich
   _____ Sitzungsraum.

4. _____ kurzen Aufenthalts will er persön-
   lich mit den Chemikern _____ Labor
   sprechen.

5. _____ steuerrechtlicher Fragen muss er
   unbedingt _____ Buchhaltung.

6. Mittags hat er keine Zeit, _____ Kantine
   zu essen. Er trinkt nur kurz _____
   Getränkeautomaten einen Kaffee.

7. _____ Nachmittag hat er ein Gespräch
   _____ Leiter der Forschungsabteilung.

8. Abends soll er noch _____ Zürich
   _____ Frankfurt fliegen.

9. Aber da der Flug _____ Nebel gestrichen
   wird, muss er _____ Hotel übernachten.

10. Seine Termine _____ Frankfurt verschiebt
    er _____ paar Stunden.

am – mit dem

in der – am

in – um ein

nach – in die

nach der – in den

~~um – ins~~

vor der – zu einem

von – nach

während seines – im

wegen – im

wegen – zur

F6 *Vom* Tellerwäscher *zum* Millionär

Was passt zusammen? Bilden Sie Sätze.

0. In zehn Studienjahren hat er es ... *a*

1. Durch Fleiß hat sie es im Supermarkt ...

2. Durch harte Arbeit und Willenskraft ist er ...

3. Nach dem Tod des Vaters hat sie das Geschäft übernommen und sich ...

4. In kurzer Zeit ist er mit Glück und guten Verbindungen ...

5. In nur acht Jahren hat er die Schule ...

a. *vom* Studenten *zum* Professor geschafft.

b. *vom* Assistenten *zum* Manager aufgestiegen.

c. *vom* Tellerwäscher *zum* Millionär* geworden.

d. *vom* Partygirl zur Geschäftsfrau entwickelt.

e. *von* der 1. Klasse *bis* zum Abitur durchlaufen.

f. *von* der Putzfrau *zur* Filialleiterin gebracht.

* Redensart und Mythos vom Armen, der Karriere macht und reich wird.

F7 Besuchen Sie unsere Sprachenschule

Ergänzen Sie die Präpositionen.

Unsere Schule liegt ganz zentral _in_ (0) der Altstadt ____ (1) Heidelberg. Die U-Bahn und zwei Buslinien halten direkt ____ (2) der Tür, Parkplätze gibt es ____ (3) nahen Kaufhaus. _____ (4) dem Schulgebäude liegt ein Park, dort können Sie sich ____ (5) den Pausen gut entspannen. Der Unterricht findet ____ (6) modernen Räumen ____ (7) Internet-Anschluss statt.	hinter im ~~in~~ in in mit von vor

Unsere Lehrer unterrichten _____ (8) den neuesten Methoden und ____ (9) modernen Materialien. Sie sind auch _____ (10) der Unterrichtszeiten ____ (11) Sie da. _____ (12) Kurs sind höchstens 12 Teilnehmer zugelassen. Wir versprechen Ihnen, dass wir ____ (13) jeden Teilnehmer den passenden Kurs finden. Wir haben ____ (14) unseren Kursen Teilnehmer ____ (15) 50 verschiedenen Ländern.	aus außerhalb für für in mit nach pro

Unser Motto „____ (16) Spaß ____ (17) Erfolg" bewährt sich _____ (18) zwanzig Jahren. Lassen Sie sich überzeugen und kommen Sie ____ (19) einer kostenlosen Probestunde. Sie erreichen uns _____ (20) der Bürozeiten _____ (21) der Telefonnummer 06221-50... oder jederzeit _____ (22) E-Mail info@sprach....de	mit per seit über unter während zu zum

F8 Ein interessanter Lebenslauf

A. Die Präposition *unter* hat verschiedene Bedeutungen im Text.
Ergänzen Sie das passende Nomen.

Ein interessanter Lebenslauf:

---

1. Bedingung – ~~Eltern~~ – Leistungsdruck

Als Kind litt er *unter* seinen *Eltern*. Bis zum Abitur stand er *unter*
ständigem _____. *Unter* der _____, später die Arztpraxis
seines Vaters zu übernehmen, finanzierten die Eltern sein
Medizinstudium.

---

2. Dach – Studenten – Woche

Er zog sofort in ein Wohnheim. Dort *unter* den _____ fühlte er
sich sehr wohl. *Unter* der _____ ging er regelmäßig zur Uni, am
Wochenende besuchte er die Eltern. Seit er mit seinen Eltern nicht
mehr *unter* einem _____ lebte, verstand er sich mit ihnen
etwas besser.

---

3. Absolventen – anderem – Protest

Sein Medizinstudium schloss er ziemlich schnell ab und wurde *unter*
allen _____ für ein Stipendium ausgewählt. *Unter*
_____ seiner Eltern ging er nach Amerika. Er promovierte dort
und machte Karriere, *unter* _____ war er an der Entwicklung
wichtiger Medikamente gegen Aids beteiligt.

---

4. Erde – sich – Würde

Er hatte 50 Angestellte *unter* _____, die seine offene Art sehr
schätzten. Intrigen waren *unter* seiner _____. Als er nach
vielen Jahren wieder nach Deutschland zurückkehrte, waren seine Eltern
schon lange *unter* der _____.

F9 An der Uni

Was kann man noch sagen? Ordnen Sie zu.

0. Das Seminar findet *voraussichtlich* / <u>*aller Voraussicht nach*</u> im nächsten Semester statt.

1. Die Zahl der Seminarteilnehmer ist *normalerweise* / _____ begrenzt.

2. Die Info-Veranstaltung richtet sich *vorwiegend* / _____ an Erstsemester.

3. Ich studiere nur *probeweise* / _____.

~~a.~~ aller Voraussicht nach
b. auf Anhieb
c. auf Probe
d. aus Versehen
e. durch Zufall
f. im Endeffekt
g. im günstigsten Fall
h. in der Regel
i. in erster Linie
j. mit Absicht
k. mit Erfolg
l. ohne Pause

4. Ich glaube, der Professor ist *bewusst* / _____ zu spät gekommen.

5. Ich habe *irrtümlich* / _____ das falsche Buch bestellt.

6. Zum Glück habe ich den Text *sofort* / _____ verstanden.

7. Bis jetzt habe ich alle Prüfungen *erfolgreich* / _____ abgelegt.

8. Das Thema meiner Doktorarbeit habe ich *zufällig* / _____ gefunden.

9. Der Dozent redet *pausenlos* / _____.

10. Die Prüfung werde ich *bestenfalls* _____ mit Vier bestehen.

11. *Letztlich* / _____ spielen die Noten im späteren Berufsleben keine große Rolle.

F10 Erfolg *von* alleine oder *durch* viel Üben

Ergänzen Sie *durch* oder *von* und den Artikel.

0. Das Buch wurde mir __*von*__ unser __*er*__ Lehrerin empfohlen und es
   stimmt: __*Durch die*__ Übungen habe ich viel gelernt.

1. Ich studiere noch und werde finanziell _____ mein___ Eltern unter-
   stützt. Sie sind überzeugt, dass sich _____ ein___ gute Ausbildung
   die Chancen auf dem Arbeitsmarkt erhöhen.

2. Kommen Sie mit Ihrem Kind zur Schulberatung. Die Schulberatung
   wird grundsätzlich _____ Fachlehrern mit viel Erfahrung durchge-
   führt. _____ _____ (sie) erhalten Sie alle wichtigen
   Informationen.

3. _____ mein___ Beruf habe ich viele fremde Länder bereist. Darum
   werde ich oft _____ mein___ Freunden beneidet.

4. _____ ein___ Computervirus ist meine Festplatte beschädigt
   worden. Jetzt benötige ich dringend Hilfe _____ ein___ Computer-
   Spezialisten.

5. _____ unser___ Mitarbeitern wird volles Engagement erwartet. In
   Zeiten mit viel Arbeit und Termindruck wird das Team _____
   Studenten verstärkt.

F11 Aktuelles aus deutschen Schulen

Was passt: *a* oder *b*? Bilden Sie Sätze.

0. *Laut* Gesetz	*a*	a. müssen Kinder mindestens neun Jahre zur Schule gehen.
1. *Laut* Schulbehörde		b. darf eine Klasse höchstens 30 Schüler haben.

2. *Nach* Angaben des Kultusministeriums		a. sollte am Nachmittag mehr Förder- und Einzelunterricht angeboten werden.
3. *Nach Ansicht* der Lehrer		b. werden im folgenden Schuljahr keine neuen Lehrer eingestellt.

4. *Entgegen* der öffentlichen Meinung		a. finden im Sommer Sportkurse wie Segeln und Tennis statt.
5. Der Jahreszeit *entsprechend*		b. sind Mädchen in den Naturwissenschaften nicht schlechter als Jungen.

6. *Gemäß* Schulordnung		a. darf auf dem Schulgelände nicht geraucht werden.
7. *Nach* Auffassung des Schuldirektors		b. haben *alle* Schüler seiner Schule die gleichen Chancen.

8. Einer aktuellen Studie *zufolge*		a. besuchen jedes Jahr 25 Schüler aus Frankreich unser Gymnasium.
9. *Im Rahmen* der deutsch-französischen Städtepartnerschaft		b. leiden immer mehr Schulkinder unter stressbedingten Kopfschmerzen.

F12 Unter Geschäftspartnern

A. Ergänzen Sie *innerhalb*, *außerhalb* oder *jenseits*.

Sie sprechen mit einem Geschäftspartner.

0. Ist Rauchen hier verboten?	Ja, *innerhalb* des gesamten Bürogebäudes.
1. Wie denken Sie über das Projekt?	Zumindest die Terminplanung ist _____ aller Vernunft.
2. Können Sie das Projekt noch absagen?	Das liegt leider _____ meiner Möglichkeiten.
3. Können Sie uns die Dokumente aushändigen?	Das liegt _____ meiner Befugnis.
4. Wann müssen wir Ihnen Bescheid geben?	Wenn möglich, _____ von drei Tagen.
5. Wer hat über das Projekt entschieden?	Die Entscheidung wurde _____ der Marketing-Abteilung getroffen.
6. Wann nimmt die Geschäftsführerin Urlaub?	Immer _____ der Messezeiten.
7. Wo wird das neue Büro gebaut?	Zehn Kilometer_____ von Köln.
8. Wo sitzen Ihre Vertragspartner?	_____ des Rheins, in Frankreich.
9. Wann startet das Projekt?	_____ der nächsten Wochen.

F13 Schwarz auf weiß

Redewendungen im Kontext: Ordnen Sie zu.

Zwei Personen im Gespräch:

0. Gestern habe ich den Arbeitsvertrag unterschrieben. *a*

1. Mir war nicht klar, dass ich eine 40-Stunden-Woche habe.

2. Ob alle Punkte wie besprochen erfüllt werden, ...

3. Unsere Chefin ist immer sehr direkt. Man weiß sofort, woran man bei ihr ist.

4. Hat die Assistentin alle zusätzlichen Vereinbarungen notiert?

5. Unser Abteilungsleiter grüßt manche Mitarbeiter einfach nicht.

6. Ich verstehe das Verhalten unseres neuen Mitarbeiters nicht.

7. Eine Maschine ist gestern komplett ausgefallen.

a. Hast du auch *zwischen den Zeilen* gelesen?

b. ... das steht *auf einem anderen Blatt*.

c. Der Ausfall wird *mit zigtausend Euro zu Buche schlagen*.

d. Aber im Vertrag steht es *schwarz auf weiß*.

e. Ich auch nicht. Er ist *ein Buch mit sieben Siegeln*.

f. Ja, aber sie muss das Protokoll noch *ins Reine schreiben*.

g. Stimmt, von mir *nimmt* er auch *keine Notiz*.

h. Ja, sie nimmt wirklich *kein Blatt vor den Mund*.

G. Aktuelles & (neue) Medien

G1 Pressekonferenz mit Leonardo di Caprio

A. Wer sitzt wo? Entscheiden Sie mithilfe der Zeichnung.
Ergänzen Sie dann die Präpositionen.

Leonardo di Caprio gibt eine Pressekonferenz in Recklinghausen, der Heimatstadt seiner Mutter.

0. Leonardo di Caprio (A) sitzt _vor_ der versammelten Presse.
1. Zwei Leibwächter (B) stehen direkt _____ ihm.
2. Die Pressesprecherin (C) sitzt _____ Leonardo.
3. Sein Agent (D) sitzt _____ der ersten Reihe links außen, direkt _____ Leonardos Großmutter (E).
4. Seine Mutter (F) sitzt vorne rechts _____ dem Bürgermeister (G) von Recklinghausen.
5. _____ seiner Oma (E) und dem Bürgermeister (G) sitzt seine Frau (H).
6. _____ der letzten Reihe stehen seine engsten Freunde (K).

B. Wo sitzt ...? Antworten Sie.

1. ... der ältere Herr mit dem Fotoapparat (L)?
2. ... die Journalistin mir der Sonnenbrille (M)?
3. ... die junge Frau mit dem Pferdeschwanz (N)?

G2 Häufig gestellte Fragen zum Computer

Ergänzen Sie die Präpositionen.

0. Darf ich mal kurz _an_ deinen Computer?

1. Könnte ich etwas _____ deinem Drucker ausdrucken?

2. Kann ich mal bei dir _____ Internet?

3. Mein Server spielt verrückt. Darf ich meine Mail _____ deiner Mailbox _____ schicken?

4. Kann ich das neue Programm _____ deinen Computer laden?

5. Kann ich meine E-Mails kurz _____ deinem Computer abrufen?

6. Hast du deine Passwörter etwa _____ die Tastatur geklebt?

7. Kann man _____ deinem Laptop auch Bilder bearbeiten?

8. Wie groß ist denn die Festplatte ___ deinem Computer?

9. Kann man _____ deinen Computer eine Digitalkamera anschließen?

10. Funktioniert die Verbindung _____ meinem ___ deinem Computer?

~~an~~	auf	in	von	unter
an	auf	ins	von ... aus	zu
auf	auf			

G3 Die Geschichte des Handys

A. Rekonstruieren Sie die Chronologie des Handys.

3. <u>Bis vor 100 Jahren</u> gab es noch keinen Mobilfunk.

...

1. Seit Mitte der 90er Jahre wurden die Geräte immer kleiner und handlicher.

2. Autotelefone gab es erst ab 1958. Die Gespräche wurden per Hand vermittelt.

3. ~~Bis vor 100 Jahren gab es noch keinen Mobilfunk.~~

4. Er wurde erst im 20. Jahrhundert erfunden.

5. Die Verbreitung der Mobiltelefone begann gegen Ende der 80er Jahre mit dem Ausbau der Mobilfunknetze.

6. Erst seit 1983 sind Mobiltelefone oder Handys im Handel, die für jedermann erschwinglich sind.

7. In Zukunft werden Handys immer mehr zu Multifunktionsgeräten.

8. Von 1974 bis 1987 wurden nach und nach in Österreich, der Schweiz und Deutschland Auto-Telefonnetze eingerichtet.

9. Im Jahr 1926 konnten Zugreisende erstmals drahtlos zwischen Hamburg und Berlin telefonieren.

Stand: August 2007

B. Unterstreichen Sie alle Zeitangaben mit Präposition und ordnen Sie nach Präpositionen.

G4 Schlagzeilen aus aller Welt

Ergänzen Sie die Präpositionen.

1. **Festnahme _____ Drogenbesitz**

   Bei einer Kontrolle auf dem Schulgelände wurden drei Schüler festgenommen. Sie hatten Drogen bei sich.

0. **Vorwürfe _gegen_**
   # Siemens-Chef
   Manager der Firma Siemens werden der Korruption verdächtigt.

2. **Vier Verletzte _____ Unfall auf A9**

   Am Samstag war die A 9 wegen eines Unfalls mehrere Stunden lang gesperrt.

3. **Telekom _____ Streik**

   Seit Mittwochmorgen streiken Mitarbeiter der deutschen Telekom.

4. *FC Bayern _____ Titelgewinn*

   Der FC Bayern hat im nächsten Spiel die Chance, die deutsche Meisterschaft vorzeitig für sich z entscheiden.

5. **Erdbeben _____ den Philippinen**

   Gestern erschütterte ein schweres Erdbeben die philippinische Hauptstadt Manila.

6. **Kind verletzt _____ Hundebiss**

   In einem Park wurde ein spielendes Kleinkind von einem Hund in den Arm gebissen.

7. **6 Richtige _____ Lotto**
   Träumen auch Sie vom Hauptgewinn?

8. **Großrazzia _____ Münchner Disco**

   Fast 300 Besucher einer Münchner Disco wurden gestern von der Polizei kontrolliert.

9. *Radprofis _____ Verdacht*

   Mehrere Radprofis werden des Dopings verdächtigt.

10. **Milliarden _____ den Klimaschutz**

    Weltweit müssen mehrere Milliarden Euro investiert werden, um eine Klimakatastrophe zu vermeiden.

---

auf – bei – durch – für – ~~gegen~~ – in – im – im – unter – vor – wegen

---

G5 Thesen zum Klimawandel

Ergänzen Sie die Präpositionen.

0. *Mithilfe* des Emissionshandels werden Firmen mit hohem CO_2-Ausstoß zur Kasse gebeten.	
1. _____ des steigenden CO_2-Ausstoßes kommt es zu einer globalen Erwärmung der Erde.	angesichts
2. _____ von Naturkatastrophen wie Überflutungen, Dürren, Stürmen und extremen Temperaturen wird es Zeit zu handeln.	anhand infolge
3. _____ verschiedener Grafiken kann der Einfluss des Golfstroms auf das Weltklima deutlich gemacht werden.	mangels ~~mithilfe~~
4. _____ technischer und finanzieller Mittel leiden vor allem die Entwicklungsländer unter dem Klimawandel.	

5. _____ der Industrieländer wird zu wenig getan, den Klimawandel zu stoppen.	
6. _____ des Kyoto-Protokolls werden weiterhin zu viel Treibhausgase produziert.	aufgrund
7. _____ des Klimawandels sind Tiere und Pflanzen vom Aussterben bedroht.	hinsichtlich mittels
8. _____ Computeranimation können verschiedene Klimaszenarien erstellt werden.	seitens
9. _____ der Ursachen des Klimawandels gibt es fundierte wissenschaftliche Untersuchungen.	ungeachtet

G6 Kennen Sie diese Filme?

A. Welcher Titel passt zu welcher Kurzbeschreibung?

0. **Die Mörder sind *unter* uns** (Wolfgang Staudte, 1946)   *a*
1. **Tod *in* Venedig** (Luchino Visconti, 1970)
2. **Geschichten *aus* dem Wienerwald** (Maximilian Schell, 1979)
3. **Der Himmel *über* Berlin** (Wim Wenders, 1987)
4. **Jenseits der Stille** (Caroline Link, 1996)
5. **Die Stille *nach* dem Schuss** (Volker Schlöndorff, 2000)
6. **Nirgendwo *in* Afrika** (Caroline Link, 2001)
7. **Das Wunder *von* Bern** (Sebastian Dehnhardt, Manfred Oldenburg, 2003)
8. **Gegen die Wand** (Fatih Akın, 2004)
9. **Alles *auf* Zucker** (Dani Levy, 2004)
10. **Sommer *vorm* Balkon** (Andreas Dresen, 2006)

a. Berlin 1945: Eine ehemalige KZ-Frau mit viel Lebenswillen und ein NS-Offizier treffen aufeinander.

b. Aus dem Leben von Lara, die bei ihren gehörlosen Eltern aufwächst und gegen den Willen ihres Vaters Musikerin wird.

c. Geschichte zweier Freundinnen in Berlin, die abends auf dem Balkon gern zusammensitzen und reden. Diese Idylle wird beinahe durch eine Männerbekanntschaft zerstört.

d. Bern 1954: Deutschland wird Fußball-Weltmeister. Geschichten rund um die Spieler und die Nationalmannschaft sowie authentische Spielszenen.

e. Deutschland in den 70er Jahren: Geschichte von Terroristen der linken Szene, die sich in der DDR verstecken und dort mithilfe der Stasi eine neue Existenz aufbauen. Aber dann fällt die Mauer ...

f. Zucker, ein arbeitsloser DDR-Sportreporter, hofft auf die Erbschaft seiner Mutter. Die bekommt er aber nur, wenn er sich mit seinem jüdisch-orthodoxen Bruder aus dem Westen versöhnt, mit dem er seit Jahrzehnten zerstritten ist.

g. Wienerwald vor dem Zweiten Weltkrieg: Frau verliebt sich kurz vor der Hochzeit in einen anderen Mann, bekommt ein uneheliches Kind und ruiniert dadurch ihr Leben.

h. Liebesgeschichte einer jungen in Deutschland geborenen Türkin, die eine Scheinehe mit einem älteren, alkoholkranken Türken eingeht, um ihrem strengen Elternhaus zu entkommen.

i. Berlin in den 80er Jahren: Geschichte der Engel Damiel und Cassiel, die unsichtbar Menschen beobachten. Einer der beiden, Damiel gibt seine Unsterblichkeit auf, um unter den Menschen leben und mit ihnen sprechen zu können.

j. Venedig um 1910 kurz vor Ausbruch der Cholera: Ein Komponist verbringt Urlaubstage in Venedig und ist von einem schönen Jüngling fasziniert.

k. Kenia 1938: Eine jüdische Familie flüchtet vor den Nazis nach Kenia und lebt dort auf einer Farm.

B. Ordnen Sie alle Orts- und Zeitangaben mit Präposition in die Tabelle ein.

Ort (lokal)	*unter uns, bei ihren gehörlosen Eltern, ...*
Zeit (temporal)	*nach dem Schuss, in den 70er Jahren, ...*

H. Dies und das

H1 Gegensätze

Was passt? Ergänzen Sie die Präpositional-Ausdrücke.

---

0. *in der Nacht – während des Tages*

Nur in der Nacht kann ich in Ruhe arbeiten. *Während des Tages* kümmere ich mich um die Kinder und den Haushalt.

---

1. *unter der Woche – am Wochenende*

Am besten treffen wir uns _____ direkt nach der Arbeit, _____ habe ich nämlich schon etwas vor.

---

2. *an der Grenze – in der Mitte*

Deutschland liegt _____ Europas. Nur noch _____ zur Schweiz gibt es Pass- und Zollkontrollen.

---

3. *im Herzen – am Rand*

Hätten Sie das gewusst? Die Landeshauptstadt München liegt _____ von Bayern. Passau liegt _____ des Bayerischen Waldes.

---

4. *bei Sonnenschein – wegen Regen*

Vor einer Stunde mussten wir unser Grillfest _____ absagen. Jetzt sitzen wir _____ auf der Terrasse.

---

5. *am Ende – in der ersten Hälfte*

Schon _____ des Monats habe ich 2.000 Euro verdient. Hoffentlich bleibt _____ des Monats noch etwas übrig.

---

6. *am Horizont – im Umkreis*

Das Ferienhaus liegt absolut ruhig. Es gibt keine Straßen und Häuser _____ von 10 Kilometern. Richtung Westen ist sogar _____ das Meer erkennbar.

H2 Zeit und Zeiten

Was passt zusammen? Bilden Sie Sätze.

0. Im Laufe der Zeit	c	a. nennt man Präpositionen *Fürwörter*.
1. In letzter Zeit		b. sollten Sie regelmäßig die Präpositionen üben.
2. In der Schulzeit		
3. In nächster Zeit	c.	c. werden Sie die Präpositionen sicher beherrschen.
		d. wird der Genitiv nach *wegen* immer seltener benutzt.

4. Leider habe ich die Stelle nur auf Zeit,		a. denn bei uns ist das Rauchen in den Büros verboten.
5. Es ist langsam an der Zeit zu gehen,		b. weil die Kollegin im Schwangerschaftsurlaub ist.
6. Mit der Zeit		c. sonst beginnt das Meeting ohne uns.
7. Unsere Firma geht mit der Zeit,		d. warten wir auf die neuen Computer.
8. Schon seit ewigen Zeiten		e. lernen Sie auch die Kollegen aus den anderen Abteilungen kennen.

9. Er kam genau zum richtigen Zeitpunkt,		a. als das Essen gerade auf den Tisch kam.
10. Zu gegebener Zeit		b. esse ich kaum Fleisch.
11. Zu Zeiten meiner Großeltern		c. werde ich das Spargel-Rezept ausprobieren.
12. Zur Zeit		d. gehe ich vegetarisch essen.
13. Von Zeit zu Zeit		e. wurde einmal pro Woche Fleisch gegessen.

H3 Nach Lust und Laune

Ergänzen Sie die Redewendungen mit *nach* und *über*.

Freunde erzählen sich:

1. _Über Nacht_ hatte es geschneit und
   die Kinder konnten endlich _____
   _____ im Schnee spielen.

2. Unsere Nachbarn sind _____
   umgezogen. _____ war das ein
   Fehler. Und ich hatte recht, denn beim
   Umzug lief nichts _____.

3. _____ sind wir an die Ostsee
   gefahren. Im Hotel wurden wir
   _____ verwöhnt. Jeden Tag
   gab es ein Menü _____. Am
   besten war die Scholle _____.
   _____ werden wir wieder dorthin
   fahren.

4. Die Autorin wurde mit ihrem ersten
   Roman „Larry Pitter" _____
   berühmt. _____ erschienen
   weitere Bände. Auch die Verfilmungen
   sind _____ erfolgreich.

nach Art des Hauses
nach Lust und Laune
nach Plan
nach Wahl
nach Strich und Faden

meiner Meinung nach
der Reihe nach

über alle Maßen
über kurz oder lang
über Nacht
~~über Nacht~~
übers Wochenende

Hals über Kopf

H4 *Wider* Erwarten noch eine Übung

Ergänzen Sie die Präpositional-Ausdrücke mit *wider* (+ Akk.)

0. Unsere Fußballmannschaft hat *wider Erwarten* verloren. Danach haben sich manche Spieler *wider alle Vernunft* geprügelt.

> ~~wider alle Vernunft~~
> ~~wider Erwarten~~

1. Er hat _____ im Lotto gewonnen. Ich spiele kein Lotto, Glücksspiele sind _____.

> wider jede Wahrscheinlichkeit
> wider meine Natur

2. Es gibt Singles aus Überzeugung und Singles _____. Für manche Menschen ist das Single-Dasein _____.

> wider die menschliche Natur
> wider Willen

3. Parken Sie Ihr Auto nicht _____. Das kann teuer werden, wenn die Polizei _____ kontrolliert.

> wider Erwarten
> wider die Vorschrift

4. „_____" ist der Titel einer Ausstellung über die Zeit des Nationalsozialismus. Dabei wird auch an Menschen erinnert, die _____ gehandelt haben.

> wider das Regime
> wider das Vergessen

5. Unsere Firma startet eine Kampagne _____. Trotzdem werden viele _____ weiterrauchen.

> wider besseres Wissen
> wider das Rauchen

H5 Ein Satz *pro* Minute?

Ergänzen Sie die Präpositionen *per* und *pro*.

Ich arbeite 20 Stunden (0) _*pro*_ Woche in einem Büro. (1) _____ Tag bekomme ich an die hundert E-Mails, die alle beantwortet werden müssen. Manches lässt sich eigentlich schneller (2) _____ Telefon regeln.

Die Studenten erhalten den Zulassungsbescheid (3) _____ Post. (4) _____ Semester müssen sie ungefähr 500 Euro Studiengebühren zahlen.

In diesen Briefen sind wichtige Dokumente. Wir sollten sie (5) _____ Einschreiben schicken. Das kostet (6) _____ Brief etwa zwei Euro mehr.

Dieses Hotel kannst du (7) _____ Internet buchen. (8) _____ Person und Nacht musst du mit 90 Euro rechnen.

(9) _____ Kopf und Jahr trinken die Deutschen etwa 125 Liter Bier. Es gilt in Deutschland das sog. Reinheitsgebot, d.h. die Qualität des Biers wird (10) _____ Gesetz geschützt.

Ich werde dich (11) _____ SMS informieren, wie viel wir (12) _____ Nase für den Eintritt in die Disco zahlen müssten.

Er hat sich (13) _____ Fernstudium weitergebildet und sogar einen Abschluss gemacht. Lernen (14) _____ Mausklick liegt voll im Trend.

Wenn wir (15) _____ Anhalter nach München fahren, sparen wir mindestens 30 Euro (16) _____ Person.

H6 Rund ums Wasser

Ergänzen Sie die Präpositionen.

0. Stellen Sie das Wasser bitte _auf_ den Tisch.
1. _____ des Apfelsafts hätte ich gern ein Wasser.
2. Bitte ein Wasser _____ etwas Zitrone.

anstelle
~~auf~~
mit

3. Kann man hier das Wasser _____ dem Wasserhahn trinken?
4. Ich habe noch genug Wasser _____ meinem Glas.
5. Wasser trinke ich am liebsten direkt _____ der Flasche.

aus
aus
in

6. Bitte _____ dem Schwimmen duschen.
7. Ich wandere nie _____ eine Flasche Wasser im Rucksack.
8. Der Rhein fließt _____ die Nordsee.

in
ohne
vor

9. Wenn es stark regnet, steht der Fahrradweg an der Donau sofort _____ Wasser.
10. Du siehst aus, als wärst du mit deinem Fahrrad _____ jede Pfütze gefahren.
11. Kannst du das Fahrrad mal _____ dem Wasserschlauch abspritzen?

durch
mit
unter

12. Unsere Reise ist _____ Wasser gefallen, weil es zu wenig Teilnehmer gab.
13. Seit er arbeitslos geworden ist, steht ihm das Wasser _____ Hals.
14. In der Küche riecht es so gut, dass mir das Wasser _____ Mund zusammenläuft.

bis zum
ins
im

H7 Mal sehen!

Was passt? Ergänzen Sie die Präpositional-Ausdrücke.

0. *zum ersten Mal – von Mal zu Mal*

   Als ich _**zum ersten Mal**_ in Deutschland war, habe ich nicht
   viel verstanden. Ich musste x-mal nachfragen. Wie peinlich!

1. *zum letzten Mal – über hundert Mal*

   Ich habe _____ dieselben Fehler gemacht. Warum
   konnte ich es nicht ein einziges Mal richtig machen?

2. *Mal für Mal – ein für alle Mal*

   Seitdem ich mehr Deutschstunden nehme, verbessern sich
   _____ meine Sprachkenntnisse.

3. *mit einem Mal – über hundert Mal*

   Es hat lange gedauert, aber _____ habe ich
   verstanden, wie die deutsche Satzstellung funktioniert.

4. *nach dem letzten Mal – beim nächsten Mal*

   Das letzte Mal, als ich in Deutschland war, habe ich keinen Sprachkurs besucht. _____ will ich einen
   Konversationskurs belegen.

5. *zum wievielten Mal – von Mal zu Mal*

   Seit drei Jahren fahre ich ein- bis zweimal jährlich nach Deutschland und verstehe _____ mehr.

6. *beim letzten Mal – Mal für Mal*

   _____ habe ich beschlossen, Deutschlehrer zu werden.

7. *beim nächsten Mal – ein für alle Mal*

   Ich kann nur _____ betonen: Es lohnt sich, Deutsch zu lernen!

8. *zum ersten Mal – zum wievielten Mal*

   Mein Deutsch wird mit jeder Reise besser. Oft werde ich gefragt, wie lange ich schon Deutsch lerne und _____ ich hier bin.

H8 Alles *für* die Katz?

Was passt zusammen? Ordnen Sie zu.

0. Unseren Nachbarn haben jedem erzählt, wie teuer ihre Küche war.	a	a. Sie hängen alles *an* die große Glocke.
1. Ich weiß überhaupt nicht, wie es nach dem Studium weitergehen soll.		b. Wir sind voll *auf* unsere Kosten gekommen.
2. Die 200 Euro Gewinn hat er einfach eingesteckt.		c. Das hängt mir langsam *zum* Hals raus.
3. Zum Glück wird in unserer Abteilung über alles offen gesprochen.		d. Ich hänge total *in* der Luft.
4. Alles muss ich zehnmal wiederholen, bis die Kinder reagieren.		e. Er hat sich das Geld *unter* den Nagel gerissen.
5. Der Urlaub war super. Wir konnten ihn voll und ganz genießen.		f. Wir spielen *mit* offenen Karten.

6. Wir wollten das Haus kaufen, aber am Ende waren andere schneller.		a. Er wurde beim Kauf *übers* Ohr gehauen.
7. Mein Freund hat für seinen Gebrauchtwagen viel zu viel bezahlt.		b. Sie wickelt jeden *um* den kleinen Finger.
8. Meine kleine Schwester schafft es immer, dass sich alle nach ihr richten.		c. Das ist *für* die Katz.
9. Ich war total überrascht, dass mein Sohn heiraten will.		d. Das Haus wurde uns *vor* der Nase weggeschnappt.
10. Es bringt nichts, bei Regen Fenster zu putzen.		e. Ich bin *aus* allen Wolken gefallen.

H9 Noch mal *von A bis Z*

Ergänzen Sie. Es sind manchmal mehrere Lösungen möglich.

0. Hast du wirklich jeden Harry-Potter-Band
   von __Anfang__ *bis* __Ende__ / *von* __A__ *bis*
   __Z__ gelesen?

1. Die Geschichte der Olympischen Spiele
   reicht *von der* _____ *bis* _____.

2. Schützen Sie sich am Strand immer *von*
   _____ *bis* _____ mit Sonnencreme.

3. Unser Reiseleiter kennt Dresden *von*
   _____ *bis* _____ und kann viele
   Anekdoten erzählen.

4. Das Freibad ist *von* _____ *bis* _____
   geschlossen. Es öffnet am 1. Mai.

5. Mein Freund sitzt *von* _____ *bis*
   _____ am Computer.

6. Das gestrige Freiluft-Konzert wurde *von*
   _____ *bis* _____ besucht.

7. Die Kinder sind *von* _____ *bis* _____
   nass, weil sie draußen im Regen gespielt
   haben.

8. Die Cafeteria ist *von* _____ *bis* _____
   geöffnet.

9. Bei unseren Nachbarn läuft der Fernseher
   von _____ *bis* _____.

10. Ich arbeite vier Tage die Woche *von*
    _____ *bis* _____.

a. 1.300 – 1.500
   Personen

b. Anfang – Ende

c. Antike – heute

d. A-Z

e. früh – spät

f. Kopf – Fuß

g. 8.00 – 18.00 Uhr

h. morgens – abends

i. oben – unten

j. Oktober – April

k. Dienstag – Freitag

Lösungen

A. Alltag

A1
1. zum – vom – beim Training
2. zu/zum – Bei/Beim – von/vom ALDI
3. von – zu – bei ihrer Freundin
4. beim Bäcker – vom Bio-Markt – zum Metzger
5. Beim – zum – vom Joggen

A2
1. von zu
2. zu
3. nach
4. zu
5. zu
6. von zu
7. nach
8. zu
9. nach
10. von zu

> **wo?** Ich bin **zu** Hause.
> Ich bin *daheim. (südd.)*
> **wohin?** Ich komme **nach** Hause.
> Ich komme *heim. (südd.)*
> **woher?** Ich komme **von zu** Hause/
> von *daheim. (südd.)*

A3
1. in die / zur Bücherei
2. zum Friseur
3. in die Schule – aufs / ins Gymnasium
4. in der / in einer Studentenkneipe
5. zur / in die Arbeit
6. auf das Jubiläumsfest
7. in den Park
8. ins/aufs/zum Konzert
9. in die deutschen Kinos
10. zu Freunden

> **auf** Bank / Post / Schule / Veranstaltung
> (öffentliche Räume)

A4
1. zur Post – zu Stefanies Geburtstagsparty
2. zu einem Informationsabend – zum Schwimmen
3. zum Arzt – zur Gymnastik
4. zu einem Vortrag – zum Fußballspiel
5. zur Vorlesung – zum Spanisch-Stammtisch

A5
1. beim Friseur – auf der Bank
2. in der S-Bahn – an der Bushaltestelle
3. nach Frankreich – zu euch
4. beim Bäcker – vom Bahnhof

A6
A. 1. auf den Bügel
2. auf die Garderobe
3. an die Garderobe
4. in den Schuhschrank
5. in / auf dein Zimmer
6. an das Schlüsselbrett

B. 1. hängt auf dem Bügel
2. liegt auf der Garderobe
3. hängt an der Garderobe
4. sind im Schuhschrank
5. ist in deinem / auf dem Zimmer
6. hängen am Schlüsselbrett

A7
1i / 2a / 3k / 4g / 5j / 6e / 7h / 8c / 9f / 10d

A8
1b / 2b / 3a / 4c / 5a / 6c / 7b / 8abc

A9
1. außerhalb der Sprechzeiten
2. während der Untersuchung
3. außerhalb der Mahlzeiten
4. innerhalb eines Monats
5. Während der Sprechzeiten

A10
1. Auf dem Rücken
2. auf der Nase
3. unter den Rippen
4. zwischen den Zehen
5. im Hals

A11
1. im Keller
2. unter dem Tisch
3. in der Küche
4. auf / hinter / neben / unter / vor dem Sofa
5. hinter / unter / zwischen den Kissen
6. auf / in / vor / hinter / neben seinem Käfig
7. hinter der Gardine
8. auf Papas Schoß
9. am Fernsehkabel
10. in der Ecke – neben / vor den Hausschuhen

A12
1. aus dem Briefkasten
2. auf der Straße
3. beim Umsteigen
4. auf den Flohmarkt
5. zwischen den Rechnungen
6. im Mülleimer
7. vor der Haustür

A13
1. mit der U-Bahn
2. Mit viel Energie
3. Durch die Renovierung
4. durch die Garage
5. mit einem Apfelbaum
6. Durch den Apfelbaum

7. mit wenig Aufwand 8. Durch Zufall 9. mit den Nachbarn 10. durch unsere Kinder 11. mit zwei Kindern 12. durch unser neues Haus

B. Einkaufen

B1 1. Aus Italien vom Markt 2. Aus dem Lösungsheft – in der Bibliothek 3. vom Bauernmarkt an der Elisabethkirche 4. von meinem Mann zum Geburtstag 5. Von meinen Eltern aus der Schweiz 6. Von der Touristen-Information am Bahnhof 7. Aus dem Secondhand-Laden an der Ecke 8. Aus dem Internet.

> **aus** ↔ in
> **von** ↔ an, auf, bei, ...

B2 1. In einem Fachgeschäft 2. bei Ebay 3. beim Fiat-Händler 4. Bei Amazon 5. Im Bio-Laden 6. bei einem Straßenhändler 7. bei einem Winzer 8. auf dem Flohmarkt

B3 1c / 2j / 3e / 4k / 5a / 6h / 7b / 8d / 9g / 10f

B4 1. für das Wohnzimmer 2. für deine Bücher 3. für das Gästebett 4. für das Bad 5. für die Garderobe 6. für den Balkon 7. für die Küche 8. für deinen Geburtstag

B5 **A.** 1a/2b 3a/4c/5b 6c/7a/8b 9c/10b/11a

B. 1. ein Nachthemd aus Seide 2. Handtücher aus Leinen 3. einen Schlafsack aus Kunstfaser 4. eine Tischdecke aus Kunststoff 5. Tischsets aus Filz 6. Partygeschirr aus Plastik 7. eine Bratpfanne aus Kupfer

B6 1d / 2c / 3e / 4f / 5b

B7 1k / 2g / 3h / 4c / 5e / 6l / 7d / 8i / 9b / 10m / 11j / 12f

C. Menschen

C1 1. auf der Toilette 2. auf einem Pop-Konzert 3. auf einer Veranstaltung 4. auf meinem Balkon 5. auf der Terrasse 6. auf Petras Geburtstagsfeier 7. auf dem Markt

C2 1. Bei Freunden auf einer Party. 2. Im Urlaub am Strand. 3. In München im Deutschkurs. 4. Im Hotel an der Bar. 5. Durch eine Freundin im Café. 6. Beim Skifahren in der Schweiz. 7. In Paris im Studentenwohnheim. 8. Über Bekannte auf einem Fest. 9. Beim Schlangestehen an der Kasse im Supermarkt. 10. Beim Chatten im Internet.

C3 1. aus einem Buch 2. von dir 3. aus Erfahrung 4. aus dem Fernsehen 5. aus dem Internet 6. von Kollegen 7. von unserem Lehrer 8. aus den Medien 9. von meiner Mutter 10. von unserem Nachbarn 11. von Peter 12. aus dem Radio 13. aus der Werbung 14. aus der Zeitung

> **von** Bei Personen ist nur die Präposition **von** möglich.

C4   1. Seit wann   2. vor einem halben Jahr   3. Seit meinem Umzug   4. vor zwei Monaten   5. vor Weihnachten   6. nach sechs Uhr   7. vor zehn   8. Vor neun Wochen   9. Seit Mittwoch   10. nach sechs Jahren   11. seit langem   12. nach meinem Urlaub

> **seit**   Seit 2 Tagen *bin ich* krank. (Zeit*dauer* + Verb im Präsens)
>
> **vor**   Vor 2 Tagen *hat sie mich angerufen.* (Zeit*punkt* + Verb in der Vergangenheit)
>
> **nach** ⟷ vor

C5   **A.** 1. wegen des Geldes   2. wegen meiner Eltern   3. meinetwegen   4. wegen der Party   5. wegen ihrer Allergie   6. wegen seiner Verletzung   7. wegen morgen   8. wegen des Arzttermins   9. wegen des Endspiels

> **wegen** ⟹ Sonderform in Satz 3
> | | |
> |---|---|
> | meinetwegen | unsertwegen |
> | deinetwegen | euretwegen |
> | seinetwegen | ihretwegen |

B. 1. wegen dem Geld   2. wegen meinen Eltern   3. wegen mir   4. wegen der Party   5. wegen ihrer Allergie   6. wegen seiner Verletzung   7. wegen morgen   8. wegen dem Arzttermin   9. wegen dem Endspiels

C6   1h / 2f / 3g / 4j / 5b / 6d / 7i / 8a / 9k / 10c

> **aus**   Gefühle, die *von innen* kommen.
> **vor**   Gefühle, die *von außen* erkennbar sind.

C7   1b   2a/3b   4b/5a   6b/7a   8b/9a

C8   1. vor Müdigkeit   2. vor Erschöpfung   3. vor Freude / Begeisterung   4. vor Kälte   5. vor Sorgen   6. vor Aufregung   7. vor Schmerzen   8. vor Begeisterung / Freude   9. vor Schreck   10. vor lauter Zorn

C9   1c / 2e / 3d / 4b   5e / 6d / 7a / 8c / 9b

D.   Stadt & Land

D1   1. an/auf Straßenschildern   2. an/auf/unter Brücken   3. an/auf Häuserwänden   4. an/auf/neben/zwischen Garageneinfahrten   5. an/auf/neben Telefonkästen   6. auf/neben Werbeplakaten   7. an/auf Fensterscheiben

D2   1. auf der Autobahn   2. durch die Altstadt   3. Auf der Busspur   4. In die Straße   5. um den Block

D3   1c / 2b / 3c / 4b / 5c / 6a / 7b / 8a / 9a / 10c / 11a / 12b / 13b / 14b / 15c

D4   **1a.** *Im* Frühling – In den Gärten – auf den Wiesen – mit dem Rad – über die Felder – In der Früh – aus dem Bett   **1b.** Im April – ohne Regenschirm – aus dem Haus – in der Luft – Für Allergiker

2a. Im Sommer – bei schönem Wetter – ins Schwimmbad – in der Sonne – In den Sommermonaten – nach Italien – zum Segeln   **2b.** am Mittelmeer – in „kalte" Länder - um 25 Grad – unter der Dusche

3a. Im Herbst – im Wald - in bunten Farben – Auf den Wegen – beim Gehen **3b.** Am Abend – auf der Terrasse – an denen – bis zum Frühjahr

4a. Im Winter – in der warmen Wohnung – aus dem Fenster – bei Schnee und Kälte – Im Januar **4b.** Wegen Glatteis – mit meinem Rad – an Weihnachten – für mich

D5 **1a.** *zum* Möbelmarkt / Arzt / Einkaufen / Markt / Obststand / Park / Spielplatz / Sportplatz / TÜV **b.** von der Mutter / Schwester / Schule **c.** in die Arbeit / Ferienwohnung / Innenstadt / Kneipe / Reparatur / Schule **d.** zu *meiner* Hochzeit / Kneipe / Mutter / Schule / Schwester / Tankstelle

2a. in den Kindergarten / Park / Urlaub / Wald **b.** zur Arbeit / Hochzeit / Kneipe / Mutter / Post / Schule / Schwester **c.** auf den Berg / Markt **d.** in die Arbeit / Innenstadt / Kneipe / Schule

3a. in den Urlaub **b.** auf eine Geschäftsreise / Insel **c.** nach Liechtenstein / Rom **d.** zu meiner Hochzeit / Mutter / Schwester

4a. um den Berg / Block / Markt / Obststand / Spielplatz / Sportplatz / Wald **b.** in eine Kneipe / Schule **c.** zu meinem Arzt / Kindergarten / Obststand **d.** in diese Kneipe / Schule

D6 1. In einer Schlafstadt 2. In einer Jugendherberge 3. Im Studentenwohnheim 4. In einem 1-Zimmer-Apartment 5. In einer WG 6. In einem möblierten Zimmer 7. In einer Hotel-Suite 8. In einer Wohnung 9. In einem Dorf 10. In einer Neubau-Siedlung 11. In einem Container.

12. Im zehnten Stock 13. In einem Vorort 14. In einem Wohnblock 15. in einem/im Hundehotel

D7 1. auf dem Feld 2. im Hochgebirge 3. im Wald 4. unter der Erde 5. auf Hausdächern 6. auf Bäumen 7. an stehenden Gewässern 8. auf dem Misthaufen

D8 1. bei Schneefall 2. bei starkem Regen 3. auf Landstraßen 4. in Spielstraßen 5. bei Nebel 6. bei Staugefahr 7. zu Stoßzeiten 8. bei Aquaplaning 9. in Wohngebieten 10. in der Nähe

D9 1. Zu meinem Bedauern – zu Reisebeginn 2. Zu Ostern – Zu meiner Überraschung – Zum Spaß 3. zu Fuß – zum Teil – Zum Glück 4. Zum Schluss – zur Erinnerung – Zur Zeit – zu Recht

E. Urlaub & Freizeit

E1 1. in den Naturpark – ins Olympiazentrum 2. ins Schwimmbad – ins Museum 3. ins Gebirge – in die Kletterhalle 4. ins Fischrestaurant – in die Stadt – ins Kino 5. in die Oper – ins Musical 6. in die Stadtbücherei – ins Internet-Café

E2 1. am Samstag 2. um 15 Uhr 3. bei mir 4. zu Hause 5. in der Blumenstraße 6. Von dort 7. zum Kegeln 8. ins Restaurant 9. gegen 18 Uhr 10. bis Donnerstag

E3 **A.** 1e. in den Reisekoffer 2d. in die Kosmetiktasche 3g. in das Schmucktäschchen 4h. in den/die Schuhbeutel 5i. in das Seitenfach 6f. in den Rucksack 7a. in das Etui

8j. in die Seitentasche 9k. in die Transportbox 10b. um den Hals

B. 1. die Kleidung – aus dem Reisekoffer 2. das Waschzeug – aus der Kosmetiktasche 3. den Schmuck – aus dem Schmucktäschchen 4. die Schuhe – aus dem Schuhbeutel / den Schuhbeuteln 5. den Regenschirm – aus dem Seitenfach 6. das Buch – aus dem Rucksack 7. die Sonnenbrille – aus dem Etui 8. die Wasserflasche – aus der Seitentasche

E4 1. vom Flughafen 2. aus Luxor 3. aus dem Tal der Könige 4. vom Kilimandscharo 5. aus Kapstadt 6. vom Kap der Guten Hoffnung 7. aus New York 8. aus Kalifornien 9. von der Küste Kaliforniens 10. aus der Südsee 11. von den Fidschi-Inseln 12. aus Neuseeland 13. vom australischen Kontinent 14. von den Philippinen 15. aus Thailand 16. von der Chinesischen Mauer 17. aus Moskau 18. vom Roten Platz

⊃ **GR B1**

E5 **A.** 1. das Goethehaus 2. Goethes Gartenhaus 3. das Grüne Schloss 4. das Goethe-Schiller-Archiv 5. das Residenzschloss 6. das Bauhaus

B. 1. am Rathaus vorbei, nach ein paar Metern ... am Ende der Straße 2. . auf dem Stadtplan ... neben dem Fluss ... durch den Park 3. vor dem Roten Schloss ... gegenüber dem Roten Schloss 4. am Fluss entlang ... im Park 5. über die Brücke ... auf der anderen Seite 6. bis zur ersten Kreuzung

E6 **A.** 1. in die Seitentasche 2. in die Ausweismappe 3. in die Hosentasche 4. in den Sack – zwischen die Wäsche 5. unter den Fernseher 6. hinter das Bild 7. in die Schublade – unter die Socken 8. in den Hoteltresor

B. 1. in der Seitentasche 2. in der Ausweismappe 3. in der Hosentasche 4. im Sack zwischen der Wäsche 5. unter dem Fernseher 6. hinter dem Bild 7. in der Schublade unter den Socken 8. im Hoteltresor

> **Wechselpräpositionen**
> **wo?**   Präp. + **Dat.**
> *Ein Elefant steht vor der Tür.*
> **wohin?**   Präp. + **Akk.**
> *Deswegen kommen wir nicht ins Haus.*

C. 1. aus der Seitentasche genommen 2. aus der Ausweismappe genommen 3. aus der Hosentasche genommen 4. aus dem Sack genommen 5. unter dem Fernseher hervorgeholt 6. hinter dem Bild hervorgeholt 7. aus der Schublade genommen 8. aus dem Tresor genommen.

⊃ **GR B1**

E7 1. Am 7. Juli 2007 – von Frankfurt 2. nach New York 3. von dort – nach Kalifornien 4. an der Küste entlang – ins Landesinnere 5. Von Kalifornien – in die Südsee 6. ab Los Angeles 7. Vom 27. Juli bis 4. August – auf Bora Bora – am Strand 8. nach Neuseeland 9. Auf diesem Kontinent – in zwei Wochen 10. Von Australien – nach Asien – über Singapur – nach Pakistan 11. Von dort aus – in den Iran 12. nach Europa – Am 7. Oktober – ab Karatschi – über die Türkei – nach Hause

E8 1. am U-Bahnausgang – zum Parkplatz 2. an den Kassen – vor dem Haupteingang 3. in der U-Bahn – im ersten Wagon 4. an der großen Uhr – vor dem Stadioneingang 5. am Kiosk – neben dem Aufgang zu unseren Plätzen 6. im Stadion – bei den Sitzplätzen

E9 **A.** 1. aus Kiel 2. aus den Bergen 3. aus Salzburg 4. aus der Schweiz 5. aus der Bibliothek 6. aus Madrid 7. aus dem Fitness-Studio 8. aus der Stadt 9. aus der Bäckerei 10. aus dem Fußballstadion

B. 1. von einer Amerikareise 2. von einer Segeltour 3. vom Skifahren 4. von den Salzburger Festspielen 5. von einer Geschäftsreise 6. von einem Freund 7. von einem Sprachkurs 8. vom Sport 9. vom Einkaufen 10. von einer Geburtstagsfeier 11. vom Fußballspiel

➲ **GR** B1

E10 1. um 20 Uhr – in der Olympiahalle – mit Andrew Louis – aus den USA 2. Am Mittwoch – um 19 Uhr – zum Thema – mit dem Starkoch – in der Aula 3. bis Ende Februar – mit Werken von Daniel Richter – in der Düsseldorfer Kunsthalle – am Grabbeplatz 4. Am Samstag – um 10 Uhr – durch die Altstadt – mit Besuch – vor dem Rathaus – gegen 11:30 Uhr. 5. Am Sonntag – in der evangelischen Kirche – um 15 Uhr – neben der Sakristei – für Kinder unter 12

E11 1. nach Österreich – am See entlang – in der Gegenrichtung – um den ganzen See herum 2. am Rhein – um die Ecke – zum Rhein – von Weitem – am anderen Ufer 3. nach Friedrichshafen – mit dem Schiff – mit dem Auto – mit der Bahn 4. In welcher Richtung – im Südwesten – mit Schnee – Von dort 5. In welcher Stadt – in Bregenz – rund um den See – in anderen Orten – auf deutscher – auf schweizerischer Seite 6. Aus welchen Ländern – an den Bodensee – aus Deutschland – aus der Schweiz – Nach den deutschsprachigen Touristen – vor den ausländischen Gästen – aus Frankreich – aus den USA 7. im Grünen – mit Seeblick – auf der Uferstraße – Nach etwa drei Kilometern – oberhalb der Straße – am Hang

E12 1. Nach Island zu den heißen Quellen 2. Auf die Kanarischen Inseln zum Radfahren 3. Nach Afrika zu dem Krüger Nationalpark 4. In den Regenwald in ein Forschungscamp 5. Auf die Insel Mainau an den/im Bodensee 6. In die französischen Alpen zum Skifahren 7. Nach Wien auf den Opernball. 8. An den Atlantik zum Surfen 9. Ins Weltall und auf den Mond 10. Zu den Pinguinen an den Südpol 11. Mit einem Kreuzfahrtschiff nach St. Petersburg 12. Zu den Eisbären an den Nordpol 13. Zur Sonnenwendfeier nach Schweden 14. Zum Karneval nach Rio 15. Mit der sibirischen Eisenbahn nach Peking 16. Ans Rote Meer zum Tauchen

E13 1. Trotz des schönen Wetters wurde das Konzert abgesagt. 2. Wegen einer Erkältung des Sängers musste die Popgruppe das Konzert absagen. 3. Trotz des Erfolgs im letzten Jahr gibt es dieses Jahr keine Genehmigung für das Straßenfest. 4. Mangels Sponsoren kann das Festival nicht stattfinden. 5. Wegen Regen wurde das Grillfest abgesagt. 6. Wegen eines Streiks/einem Streik der Schauspieler muss die Theateraufführung ausfallen. 7. Mangels finanzieller Unterstützung durch die Stadt kann das Laientheater derzeit kein Programm anbieten. 8. Trotz eindeutiger Vorteile für den Tourismus soll das Musikfestival nur noch alle drei Jahre stattfinden.

> **mangels/wegen**
> + **Gen.** (Dat.)
> + Nomen *ohne* Artikel, *ohne* Kasus

E14 1. mit euch zusammen – Bei schönem Wetter – zum Landgasthaus – für uns 2. durch den Wald – zum Ausruhen – bei mir zu Hause – im Rheinweg 3. Neben einem großen Buffet – aus dem sonnigen Basel – bis Ende der Woche – für euch 4. bitte bis Ende – Übernachtungen für euch

F. Schule & Beruf

F1 **A.** 1. von der Messe 2. aus Hamburg 3. aus der Sitzung 4. aus / von einer wichtigen Konferenz 5. aus dem Nebenzimmer 6. vom Arzt 7. aus China 8. aus ihrem Büro 9. aus der Kantine 10. vom Flughafen

B. 1. auf der Messe 2. in Hamburg 3. in der Sitzung 4. in / auf einer wichtigen Konferenz 5. im Nebenzimmer 6. beim Arzt 7. in China 8. in ihrem Büro 9. in der Kantine 10. am Flughafen

C. aus ↔ in
von ↔ an, auf, bei, ...

F2 1b / 2b / 3a / 4b / 5a / 6b / 7a / 8b / 9a

F3 1. in das Buch 2. an die Tafel 3. auf Deutsch 4. an dieser Stelle 5. auf ein Blatt Papier 6. in deinem Kalender 7. in mein Handy 8. in gutem Deutsch 9. auf die Liste 10. auf dem Formular 11. in die (der) Anwesenheitsliste 12. hinter die Ohren *(ugs.)*

F4 1. Zwischen den Zeilen 2. über dem Wort 3. am Rand neben der Textstelle 4. in der Ecke 5. unter dem Text

F5 1. Vor der Geschäftsreise – zu einem Mitarbeitergespräch 2. nach Rapperswil – in die Schweizer Niederlassung 3. nach der Ankunft – in den Sitzungsraum 4. Während seines kurzen Aufenthalts – im Labor 5. Wegen steuerrechtlicher Fragen – zur Buchhaltung 6. in der Kantine – am Getränkeautomaten 7. Am Nachmittag – mit dem Leiter 8. von Zürich – nach Frankfurt 9. wegen Nebel – im Hotel 10. in Frankfurt – um ein paar Stunden

F6 1f / 2c / 3d / 4b / 5e

F7 1. von Heidelberg 2. vor der Tür 3. im nahen Kaufhaus 4. Hinter dem Schulgebäude 5. in den Pausen 6. in modernen Räumen 7. mit Internet-Anschluss 8. nach den neuesten Methoden 9. mit modernen Materialien 10. außerhalb der Unterrichtszeiten

11. für Sie 12. Pro Kurs 13. für jeden Teilnehmer 14. in unseren Kursen 15. aus 50 verschiedenen Ländern 16. Mit Spaß 17. zum Erfolg 18. seit über zwanzig Jahren 19. zu einer kostenlosen Probestunde 20. während der Bürozeiten 21. unter der Telefonnummer 22. per E-Mail

F8 1. unter seinen Eltern – unter ständigem Leistungsdruck – Unter der Bedingung 2. unter den Studenten – Unter der Woche – unter einem Dach 3. unter allen Absolventen – Unter Protest – unter anderem (u. a.) 4. unter sich – unter seiner Würde – unter der Erde

F9 1h / 2i / 3c / 4j / 5d / 6b / 7k / 8e / 9l / 10g / 11f

F10 1. von meinen Eltern – durch eine gute Ausbildung 2. von Fachlehrern – Von ihnen 3. Durch meinen Beruf – von meinen Freunden 4. Durch einen Computervirus – von einem Computer-Spezialisten 5. Von unseren Mitarbeitern – durch Studenten

> **von** (+ Dat.)
> in Passiv-Konstruktionen
> **durch** (+ Akk.)
> in Sätzen mit Passiv-Bedeutung oder zur Angabe eines Grundes

F11 1b 2b/3a 4b/5a 6a/7b 8/9a

F12 **A.** 1. jenseits aller Vernunft
2. jenseits/außerhalb meiner Möglichkeiten 3. außerhalb meiner Befugnis 4. innerhalb von drei Tagen 5. innerhalb der Marketing-Abteilung 6. außerhalb der Messezeiten 7. außerhalb von Köln
8. Jenseits des Rheins
9. Innerhalb der nächsten Wochen

> **Innerhalb/außerhalb/jenseits**
> + Gen.
> + *von* (+ Dat.) bei Eigennamen

F13 1d / 2b / 3h / 4f / 5g / 6e / 7c

G. Aktuelles & (neue) Medien

G1 **A.** 1. hinter ihm 2. neben Leonardo 3. in der ersten Reihe – neben Leonardos Großmutter
4. neben dem Bürgermeister
5. Zwischen seiner Oma und dem Bürgermeister 6. In der letzten Reihe

B. 1. In der dritten Reihe rechts außen. 2. In der zweiten Reihe hinter Leonardos Großmutter (auf dem zweiten Stuhl von links).
3. In der dritten Reihe links neben dem Herrn mit dem Fotoapparat (auf dem zweiten Stuhl von rechts).

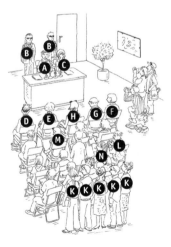

G2 1. auf deinem Drucker 2. ins Internet 3. von deiner Mailbox aus 4. auf deinen Computer 5. auf deinem Computer 6. unter die Tastatur 7. auf deinem Laptop 8. in deinem Computer 9. an deinen Computer 10. von meinem zu deinem Computer

G3 **A:** 3 – 4 – 9 – 2 – 8 – 5/6 – 1 – 7

B:

ab	ab 1958
bis	bis vor 100 Jahren
gegen	gegen Ende der 80er Jahre
in	im 20. Jahrhundert – in Zukunft – im Jahr 1926
nach	nach und nach
seit	seit Mitte der 90er Jahre – seit 1983
von bis	von 1974 bis 1987
vor	(bis) vor hundert Jahren

G4 1. wegen Drogenbesitz 2. bei Unfall 3. im Streik 4. vor Titelgewinn 5. auf den Philippinen 6. durch Hundebiss 7. im Lotto 8. in Münchner Disco 9. unter Verdacht ... 10. für den Klimaschutz

G5 1. Infolge des steigenden CO_2-Ausstoßes 2. Angesichts von Naturkatastrophen 3. Anhand verschiedener Grafiken 4. Mangels technischer und finanzieller Mittel 5. Seitens der Industrieländer 6. Ungeachtet des Kyoto-Protokolls 7. Aufgrund des Klimawandels 8. Mittels Computeranimation 9. Hinsichtlich der Ursachen

> angesichts/... + Gen.
> Schriftsprache (Zeitungstexte, Fachtexte)

G6 **A.** 1j / 2g / 3i / 4b / 5e / 6k / 7d / 8h / 9f / 10c

B.

Ort	unter uns – in Venedig – aus dem Wienerwald – über Berlin – jenseits der Stille – in Afrika – gegen die Wand – vorm Balkon – bei ihren gehörlosen Eltern – in Berlin – auf dem Balkon – in der DDR – aus dem Westen – in Deutschland – in Venedig – unter den Menschen – nach Kenia – auf einer Farm
Zeit	nach dem Schuss – in den 70er Jahren – seit Jahrzehnten – vor dem Zweiten Weltkrieg – vor der Hochzeit – in den 80er Jahren – um 1910 – vor Ausbruch der Cholera

H. Dies und Das

1. unter der Woche – am Wochenende 2. in der Mitte Europas – an der Grenze zur Schweiz 3. im Herzen von Bayern – am Rand des Bayerischen Waldes 4. wegen Regen – bei Sonnenschein 5. in der ersten Hälfte des Monats – am Ende des Monats 6. im Umkreis – am Horizont

H2 1d/2a/3b 4b/5c/6e/7a/8d 9a/10c /11e/12b/13d

H3 1. nach Lust und Laune 2. Hals über Kopf – Meiner Meinung nach – nach Plan 3. Übers Wochenende – nach Strich und Faden – nach Wahl – nach Art des Hauses – Über kurz oder lang 4. über Nacht – Der Reihe nach – über alle Maßen

H4 1. wider jede Wahrscheinlichkeit – wider meine Natur 2. wider Willen – wider die menschliche Natur 3. wider die Vorschrift – wider Erwarten 4. Wider das Vergessen – wider das Regime 5. wider das Rauchen – wider besseres Wissen

H5 1. Pro Tag 2. per Telefon 3. per Post 4. Pro Semester 5. per Einschreiben 6. pro Brief 7. per E-Mail 8. Pro Person und Nacht 9. Pro Kopf und Jahr 10. per Gesetz 11. per SMS 12. pro Nase *(ugs.)* 13. per Fernstudium 14. per Mausklick 15. per Anhalter 16. pro Person

H6 1. Anstelle des Apfelsafts 2. mit etwas Zitrone 3. aus dem Wasserhahn 4. in meinem Glas 5. aus der Flasche 6. vor dem Schwimmen 7. ohne eine Flasche Wasser 8. in die Nordsee 9. unter Wasser 10. durch jede Pfütze 11. mit dem Wasserschlauch 2. ist ins Wasser gefallen *(idiom.)* 13. steht ihm das Wasser bis zum Hals *(idiom.)* 14. dass mir das Wasser im Mund zusammenläuft *(idiom.)*

H7 1. über hundert Mal 2. Mal für Mal 3. mit einem Mal 4. Beim nächsten Mal 5. von Mal zu Mal 6. Beim letzten Mal 7. ein für alle Mal 8. zum wievielten Mal

H8 1d / 2e / 3f / 4c / 5b
6d / 7a / 8b / 9e / 10c

H9 1c / 2f+i / 3d / 4j / 5e+g+h / 6a / 7f+i / 8g+h+k / 9e+h / 10k(+e+g+h)

 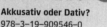